怒りをコントロールできない子の理解と援助

教師と親のかかわり

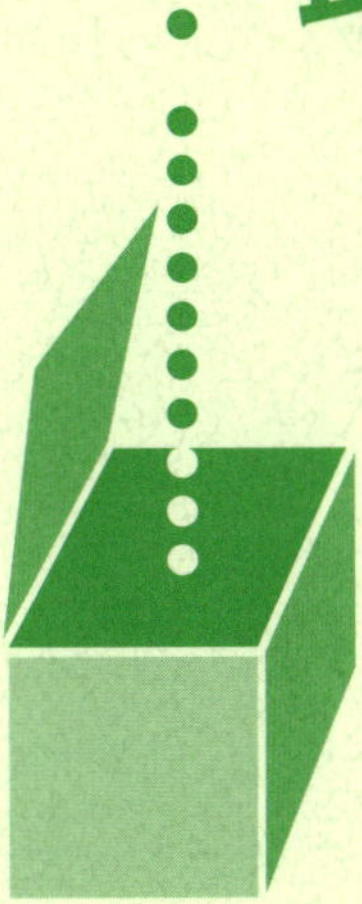

大河原美以・著

金子書房

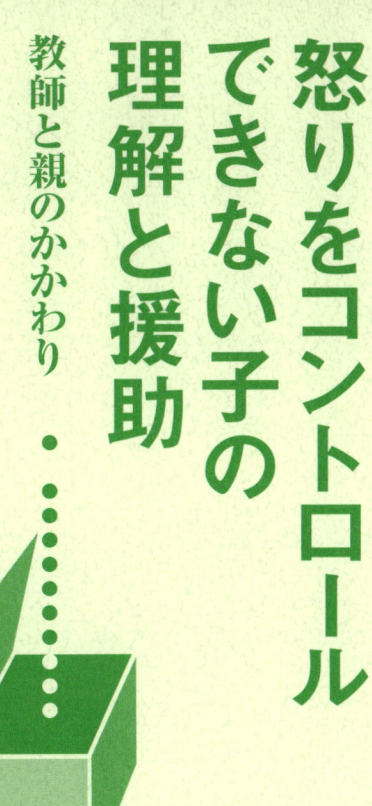

はじめに

怒りにふるえる子どもたちは、深い哀しみを抱えています。
哀しみをそのままに表現できる子どもは、
やさしくしてもらうことができますが、
怒りという形で表現する子どもは、いつも叱られます。
怒りの問題は、哀しみの問題であり、罪悪感の問題であり、
人を人たらしめる感情の根本の問題です。
怒りも大切な感情なのです。
しかし人は、怒ることを恥じます。
怒りの直接的表現は、人を傷つけます。
しかし、自分に「怒り」を認めることのできている人は
怒りを暴走させないのです。
怒りには、正当な怒りもあり、不当な怒りもあります。
怒りを自覚できたことで、苦しみから解放される人もいます。
その一方で、怒りを爆発させる人は、自己嫌悪と罪悪感に苦しみます。

怒りを向けられた人は被害者となり、被害者は正当な怒りを抱えます。
そして怒りは伝播します。
怒りとは、人の苦しみを支配している感情です。
怒りは怒りとして認められ、
そして哀しみにたどりついたときにはじめて
癒しとの接点をもつことができる感情なのでしょう。

怒りをコントロールできない子どもたちの存在は、
私たちに、人の感情についての深い理解を促すための
警鐘をならしてくれている子どもたちといえるでしょう。

本書で「怒りをコントロールできない子ども」と表現している子どもは、次のような小学生をさしています。

多動で落ち着きがないため、授業に参加できず、自分を傷つけたり、友だちに乱暴したり、暴言をはいたり、虫を殺したりする子ども。

時には、「怒り」に支配され大人に反抗的でありながら、また時には、べったりと乳児のように甘えてくるという、著しい情緒不安定状態にある子ども。

友だちとのちょっとしたトラブルや、叱られる場面や不安な気持ちになる場面などで、突然「きれて」

怒りに支配され、衝動的に暴力をふるったり、暴言を吐いたり、自傷行為にはしったりする子ども。
大人の前では「よい子」なのに、かげでいじわるをしたり、脅迫状を書いたり中傷メールをまわしたり
自分より弱い子どもにいたずらや攻撃的な行為をする子ども。

本書は、このような状態像を示す小学生の子どもたちの感情の発達を支えるために、どのように大人が対話することが大事か、ということをお伝えするものです。どんな問題行動を起こす子どもも、どんなハンディを背負っている子どもも、生きてくるプロセスの中での大人とのかかわりの中で、感情を育てています。いま、子どもの感情を育てるために、私たち大人にできることを考えたいと思います。


本書は、小学校の先生がたや、スクールカウンセラーをはじめとした教育相談関係者の方々にお読みいただくことを想定して書きました。

「第Ⅰ部　感情はどのようにして育つのか」では、第Ⅱ部・第Ⅲ部で紹介する怒りをコントロールできない子どもへの援助を展開していく方法を支える基本的な考え方を述べました。

「第Ⅱ部　問題の成り立ちと援助の方法」は、怒りをコントロールできない子どもの「問題」が子ども個人の問題と問題を増幅するかかわりとの二次元でなりたっていることを明らかにし、援助のプロセスを示しました。

「第Ⅲ部　援助の実際」では、第Ⅱ部で示した方法が実際にどのように展開されるのかを具体的に示し、クラス全体とのかかわり、保護者からの苦情への対応も含めて、援助の実際を描きました。

第Ⅰ部は、いわゆる「ふつうの子」がささいなことをきっかけにして、激しい怒りを表出するという、これまでの大人の常識では想像のつかないような出来事が、なぜ起こるのかということを、子育てにおけるコミュニケーションという視点から説明しています。第Ⅰ部のみでも、読み物として完結していますので、子育て中の保護者など一般のかたにもぜひ、お読みいただければと思っています。

第Ⅱ部は、スクールカウンセラーや教育相談の関係の方々が、問題を見立てる力を身につけるために役立つことと思います。

第Ⅲ部、第6～8章は、シナリオの形で実際の様子を描き出しています。私は研修会などで、このシナリオを用いてロールプレイをしていただくのですが、ロールプレイをしてみると、説明をするまでもなく、先生がたが深く納得されるということを経験しています。ぜひお読みいただくだけではなく、実際に演じてみる、読み合わせてみるということを通して研修会などにご利用いただければと願っています。

「第9章　場面別・クラス担任の対応の工夫」には、小学校の先生がたの臨床の知、すばらしい実践のヒントがのっています。ご自分のクラスに怒りをコントロールできない子がいて、疲れ果てているという先生は、冒頭からお読みになるのは疲れることと思います。ぜひ、第9章からお読みください。元気のでるヒントに出会えることと思います。

なお、本書で例としてあげている事例は、プライバシーに配慮し、本質の部分を抽出する形で、いくつかの事例を組みあわせたり、細部を改変したりして構成したものです。事例はすべて仮名で記しました。

子どもたちの健やかな成長のために、心を尽くしておられる方たちにお読みいただけることをうれしく思います。

目次

第Ⅱ部 問題の成り立ちと援助の方法

第Ⅰ部

感情はどのようにして育つのか？

第1章～第3章では、子どもの感情が親子のコミュニケーションを通して育つことを明らかにします。ふだん、私たちがまったく意識せずに通りすぎている感情の発達のプロセスを描き出すことから、いまどきの子どもたちのこころの脆弱性を説明し、私たち大人にできることは何かを明らかにします。

第1章　感情の発達のプロセス

1　感情とことば

私たち大人は子どもたちを「思いやりのある子」に育てたいと願っています。そして子どもには「思いやりをもちなさい」「困っている人がいたら助けてあげなさい」「電車ではお年寄りに席をゆずりましょう」「人をいじめてはいけません」と教えます。しかしながら現在、教えたとおりに子どもが育たないと感じている方は多いことでしょう。世の中では、最近の子どもたちにはこのようなことを教えていないのではないか、ということが心配されているようでもあります。だから、きちんと教えるべきだという考えや主張が生まれます。しかし、現実には「人を殴ってはいけない」「すぐに怒ってはいけない」「やさしくしてあげなければいけない」「みんなと仲良くしなければいけない」といった、多くの「べからず」が子どもたちにはシャワーのように毎日ふりそそいでいます。

一般的に私たち今の親世代は、子どもを「ことば」で育てる傾向が強いように思います。「思いやりをもちなさい」と伝えると「思いやりが育つ」と考えがちです。しかし「ことば」で伝えれば伝わるものだと思っていることは「錯覚」であるということに、まずこころを開く必要があるでしょう。

たとえば、子どもに「机を運びなさい」と言えば、ほとんどの子どもが何をすればよいのかを理解することができるでしょう。ところが「思いやりをもちなさい」と言う場合は、これとはまったく異なる状況を生み出します。友だちにやさしくしてあげようと思う子どももいれば、何をすればいいのかまったくわからない子どもや、先生が見ているところでだけ、どう振る舞えばいいのか理解している子どもなどもいて、その理解の状況は一律のものではないのです。

それはなぜでしょうか？　「机」は具体的に実在する「物」です。「運ぶ」という動詞も、具体的な「行動」として現実に体験されています。つまり「机」「運ぶ」という「ことば」はともに「物」や「行動」と一対一対応で結びついています。ところが、「思いやり」は抽象的なことばですから、目に見えません。このように「感情」をあらわす「ことば」は、「物」をあらわす「ことば」と性質が異なるわけです。

「机」「鉛筆」「黒板」「先生」など物の名前は、その名前の「ことば」を使うことによって、他の人と共有のイメージをもつことを可能にします。「机」と聞けば「机」を思い浮かべることができるわけです。「ことば」には、このようにイメージを共有することを可能にするという機能があります。そして、それによって、人は他者とつながりをもつことが可能になります。「うれしい」の場合も同様です。「うれしい」「かなしい」「腹がたつ」「うらやましい」などといった感情をあらわす「ことば」の場合も同様です。「うれしい」という「ことば」を使うことによって、他の人と共有のイメージをもつことができれば、「ことば」を通して感情を共有することができ、他者とのつながりをもつことが可能になります。このように「ことば」によって感情を他者と共有できるようになるプロセスを「感情の社会化」といいます。「思いやり」という高度な感情が社会化されている子どもたちの集団においては、「思いやりをもちなさい」という「ことば」による指示も有効でしょう。しかしながら、そうではない状態にある場合、その「ことば」は意味をなさないということになってしまうわけです。

私たち大人は、基本的な感情をあらわす「ことば」をあたかも、アプリオリに（先天的に）知っていたかのように感じてしまいがちです。ですから、「思いやり」ということばとその感情が結びつかないということが、どういうことなのかを理解することは困難であるかもしれません。しかし、パソコンやインターネットに関する「新しい抽象的なことば」を例にして考えてみると、「ことば」と「社会化」の関係を想像していただくことができるでしょう。たとえば「ダウンロード」といった「ことば」によってそれをイメージできない人は、IT社会の中では社会化されていないということになります。

子どもたちの中には、「思いやりをもちなさい」といわれても、この「ダウンロードしなさい」といわれているのと同じように、何のことやらわからない子どももいるというのが、いまの子どもたちの現状なのです。そして、パソコンの苦手な人が、意味はわからないけれどただ「ENTERキーを押せばいい」とのみ学ぶように、大人の前でどう振る舞えばよいかのみを要領よく学んで適応している子どもたちがたくさんいるというのが、子どもたちの感情の発達において起こっていることといえるかもしれません。

2　感情はどのようにして社会化されるのか?

では、そもそも私たちはどのようにして、感情を獲得してきたのでしょうか？　どのように育てれば、「思いやり」は育つのでしょうか?

ここでは、子どもの感情が親子のコミュニケーションを通して社会化されていくという視点から、説明していきます。「親子のコミュニケーション」と書きましたが、正確には「主たる養育者とのコミュニケーション」ということになります。そしてさらに保育士や幼稚園や学校の教師など、子どもを育てる役割にある大人とのコミュニケーションがさらに重要な影響を与えますが、ここでは「親子のコミュニケーション」ということで、これらを代表して説明していこうと思います。

赤ちゃんを思い浮かべてください。赤ちゃんは感情をどのように表現するのでしょうか？　赤ちゃんは、泣きます。おなかがすいたとき、暑いとき、寒いとき、おむつが汚れて不快なとき、泣きます。赤ちゃんの泣き方を見ていると、感情が身体を流れるエネルギーである、ということを実感できるでしょう。「火がついたように泣く」という表現がありますが、おなかがすいている赤ちゃんが泣くときの必死さには、生きようとするエネルギーが満ちています。私たちは、おっぱいやミルクを飲ませたり、おむつをきれいにしたり、ほどよくあたたかくしてやります。すると赤ちゃんはすやすやと眠ります。育児のはじまりはこのような毎日で過ぎていきます。子宮の外に出て、外界に放り出された赤ちゃんは「泣く」という動作によって、自分の身体が「不快」であることを親に伝えます。そしてその「不快」が「快」に変化することを通して、外界が安全なものであるということを、日々体験していきます。外界は安全で、助けを求めれば助けてくれて、身体が安心だと感じることができるということです。このとき、赤ちゃんは「安心感・安全感」という感情の基本となる基本的信頼感を得ています。この時期の発達課題である「基本的信頼の獲得」は、このような親子の相互作用の中で獲得されていくわけです。

このように、赤ちゃんが最初に獲得する感情は安心感・安全感であり、それは身体で感じているものなのです。この身体で体験している安心感や安全感が、感情が育っていくための重要な礎になります。育児において「スキンシップが大事」と言われてきたことはそういうことを意味しているわけですが、大事なのは、スキンシップによって「身体で体験している安心感・安全感」を獲得しているということなのです。

十ヶ月くらいのまるまるとしたかわいい盛りの赤ちゃん、「いないいないばあ」をすると、大喜びでけらけらと大きな声で笑います。その喜ぶ様子がかわいくて、あやす大人も何度でも「いないいないばあ」を繰り返します。そんな光景を思い浮かべてください。私たちは、笑っている赤ちゃんが「大喜び」しているとどうしてわかるのでしょうか？　赤ちゃんは「大喜びだ」とことばで話すわけではありません。私たちは、赤ちゃんの示している表情や笑い声やしぐさから、赤ちゃんが「大喜び」していると判断しています。赤ちゃんの身体の中に、喜びのエネルギーが流れていることを感じ取っていると言うこともできるかもしれません。感情とは、身体の中を流れるエネルギーなのです。赤ちゃんが「いないいないばあ」が楽しくて、笑っているとき「楽しい」「喜び」といったエネルギーが流れているのを、私たちは感じ取り、それを「ことば」にします。「うれしかったのー、そうなの、たのしいねー」と。身体を流れるエネルギーであるアナログの（量として体験される）感情が、「うれしい」「たのしい」というデジタルな（記号としての）「ことば」で名づけられ、結びつけられるわけです。

二歳くらいの子どもが、仮面ライダーになりきって遊んでいるとしましょう。突然三歳の子どもがやってきて、変身グッズを奪い取ったとしたら、二歳の子どもはどんな反応を示すでしょう？　ぎゃーと泣き叫び、じだんだふみ、顔を真っ赤にして、にぎりこぶしをふるわせるでしょう。この子の身体を流れているエネルギーは、非言語的に外に向かって表出されています。親や保育士など養育する大人が、その非言語的表出をくみとって、「くやしかったね」「怒っているんだね」と共感を示すとき、それは、身体を流れる感情を「ことば」で名づけるという子どもの感情を育てるかかわりをしていることになります。

物の名前をあらわす「ことば」は、現実に存在する「物」と「ものの名前」が一対一対応でつなげられることによって獲得されていきます。「感情」をあらわす「ことば」の場合、その「物」にあたるものは、自分の身体の中を流れるエネルギーとして体験されるものになります。つまり、「感情」と「感情をあらわすことば」が一致したものとして獲得されていくためには、子どもが感じている感情を、推測して「正しく」言い当ててくれる大人の存在が必要だということになります。喜びのエネルギーが流れているときには、「うれしかったんだね」と、悲しみのエネルギーが流れているときには「悲しかったんだね」と名づけてくれる大人がいなければ、感情は「ことば」とのつながりを獲得することができないということになります。

このように、身体を流れる混沌としたエネルギーとしての感情が、「ことば」とつながり、「うれしい」「たのしい」「かなしい」「くやしい」「怒っている」といった「ことば」を使って、自分の身体の中で起こっていることを他者と共有することができるようになることが、「感情の社会化」です。感情は「ことば」によって社会化されます。つまり感情の発達、すなわち社会化のプロセスにおいては、親や重要な養育者との相互作用、コミュニケーションがきわめて重要な役割を果たしていると考えられます。

私たちはふつう、これらのことをまったく意識せずに通過してきているので、「うれしい」ということばで感情を表現すれば、それを聞いた人にもその感情は同じように伝わると思い込んでいます。ところが、感情が社会化されるプロセスを経ていない場合には、それは自明のことではないのです。

3　親子のコミュニケーションと感情の発達

鯨岡（一九九七）は、乳幼児期の親子の原初的コミュニケーションのありようを二つのパターンに分類しています。養育者が子どもの感情の側に入り込み、子どもに合わせる状態を「成り込み」と言い、逆に養育者が子どもの感情を大人の願う方向に向かって調整することを「巻き込み」と言いました。「成り込み」は「相手が現に生きつつあることをおのれのこととして、つまりおのれを相手に重ね合わせて、相手を生きようとする様態」であり、「巻き込み」には「子どもが今現在において示すある状態に対して、養育者がそれを別の状態にもっていくことが望ましいと考え、そこで養育者自身の身体のもつ力動感を調節し、そこに子どもを浸し込むことによって子どもの気持ちを調節する」側面があるといいます。乳幼児は未熟な存在ですから、親が子どもの感情に成りきって合わせる「成り込み」だけでは子どもは育たず、子どもの感情を大人が願う方向に巻き込んでひっぱる「巻き込み」も必要なわけです。ですから、大事なのは、この「成り込み」と「巻き込み」のバランスだと言えます。乳幼児期における養育者の無意識的なコミュニケーションスタイルである「成り込み」と「巻き込み」という概念は、幼児期以降は「受容」と「しつけ」という形に姿をかえて、子育ての重要テーマになり、親自身の子育ての悩みの種にもなっていくわけです。

前節で述べてきた感情の社会化のプロセスには、この「成り込み」と「巻き込み」の両方の要素がバランスよく含まれています。子どもの身体からあふれている非言語的な表現を「正しく」察知するときには、親が子どもの感情の側に入り込むという「成り込み」がなされることが必要であり、それをことばにより名づけるときには、大人の願う方向に向かって調整するという「巻き込み」がなされていきます。つまり、親のほうは子どもの感情を察知して「怒っているんだね」と言いながらも親自身は怒っているわけではなく、落ち着いている状態にあります。興奮して真っ赤になって足をばたつかせている子どもを、落ち着いた親の身体的状態に「巻き込み」、子どもを落ち着かせるわけです。

コミュニケーションは、言語的な（デジタル）レベルで伝達するものと、非言語的な（アナログ）レベルで伝達するものという、異なる二つのメッセージによって成り立っています。親と子の感情の境界がない共生関係にある乳幼児期のコミュニケーションにおいては、これらは互いに混ざり合いながらコミュニケートされています。つまり、ことばをまだ持たず身体で怒っている子どもに対して共感し（成り込み）、子どもの身体の状態をかわりに親がことばで表現し、落ち着いている親の身体の状態が伝える落ち着き・安全・安心という状態に巻き込み、子どもの身体が落ち着くというコミュニケーションです。そこでは子どもの感情と親の感情が言語・非言語で混じり合っています。そのような状態にあるとき子どもは、怒りなどのネガティヴな感情が身体を流れても、世界は安全であるという感覚を育てることができるのです。そして、それが怒りなどのネガティヴな感情を安全なものとして抱えていられる安定した大人になるために必要なことなのです。

興奮して泣いている子どもを前にして、親が「落ち着きなさい！　泣き止みなさい！」と興奮して叫んでいる場合には、子どもは「ことば」の指示とは反対に親の非言語に反応して、いっそう興奮してしまうわけです。怒りや悲しみや恐怖などのネガティヴな感情にさらされているときというのは、幼い子どもにとっては危機的状況です。そのときに大人とのかかわりの中で安全・安心を獲得できないと、ネガティヴな感情が身体の中を流れること自体が大変危険でおそろしい体験になってしまいます。

「うれしい」「たのしい」というポジティヴな感情については、子どもの感情に成りきって合わせる「成り込み」も、大人が願う方向に巻き込んでひっぱる「巻き込み」も、方向性が同じために問題はあまり生じません。ところが、「怒り」「不安」「悲しみ」などのネガティヴな感情については、成り込むことにより、親自身に怒りや不安や悲しみが喚起されるために、親が落ち着いて対応することが困難になりやすく、そのために、ネガティヴな感情は社会化されにくいということが起こっています。そして、この傾向は、現代の子育て状況において、きわめて深刻な事態に陥っているといえるのです。

五歳の少女の母　主訴：「恐怖症ではないかと心配です」

「うちの子は、すごく怖がりで困っています。たとえば、私がスーパーで立ち話が長くなっただけで、『怖い、怖い』と訴えるんです。レストランで食事して、食べなれないものがでてきただけで『怖い、怖い』。何でもかんでも『怖い、怖い』だから、どこにも出かけられなくなっちゃって、どうしたらいいのでしょう?」

「お嬢さんが『怖い、怖い』と訴えるとき、身体はどんな様子ですか? 身体が固まったり、震えたり、青くなったり、ひきつったりしてます?」

「いいえ……別にふつうですね。少し不機嫌そうな顔はしていますが」

「あー、不機嫌そうな顔ね……。たとえば、お母さんが立ち話しているとき、お子さんはどんな気持ちでいたと想像できる状況ですか?」

「そうですねぇ……退屈していたでしょうねぇ。飽きちゃっていたと思います。レストランのときは、食べられないんじゃないかって不安だったのだと思います」

「なるほど……。もしも、立ち話していたときにお嬢さんが『ママ、つまんない』と言ったら、お母さんはどうしましたかね？」

「そりゃ、『がまんしなさい』って言いますよ。退屈したからって、ぐずぐずされちゃ困るし」

「レストランでは？　『食べられない』って、お嬢さんが言ったら？」

「そりゃ、『がまんしなさい』ですよ……そうか……娘は、私が娘の気持ちをきいてくれないって、わかっていて、それで『怖い』って言うんですね」

「そうみたいね。お母さんは『怖い』って言われると、どういう気持ちになるの？」

「いやー、もう大変だって思っちゃって、娘の言いなりになっています。『怖い』って言われると『助けてやらなくちゃ』ってすごく心配になるんですけど、『つまんない』とか言われると、わがままにしちゃいけないって思ってしまって……」

「お母さんは、ちゃんとお嬢さんが身体でどんな気持ちを訴えているか、察知されていますよね。それでいいんですよ。お母さんが察知したお嬢さんの気持ちをそのままことばにしてあげて、承認してあげると、ちゃんと自分の感情を伝えられるようになりますよ。わがままになることを心配する必要はありません」

この少女は、自分の身体の中から、退屈や、不安などのネガティヴなエネルギーがあふれてくる状態になると、それを表現することばとして「怖い」と言うことを学習していたわけです。なぜ、そのような感情とことばの不一致が起こっていたのでしょうか？　お母さんは「怖い」という表現には過度に反応し、子どもを受け入れられるのですが、それ以外のネガティヴな感情の表出を受け入れることができなかったのです。それは、「成り込み」により親自身にもネガティヴな感情が喚起されると、そこで親にさまざまな不安が喚起され、その結果子どものネガティヴな感情よりも、親自身の不安に対処するということが優先されてしまうからなのです。

親自身に強い不安が喚起されてしまう背景には、親自身も、ネガティヴな感情を安全なものとして受け入れられずに育ってきたという世代間伝達の問題があります。親自身がネガティヴな感情におびえていることや、わがままに育ててはいけないと追い詰められていることなどがかならず存在し、それは親自身が子どもだったときに、十分にネガティヴな感情を受け止めてもらってこなかった、ということをも意味しているのです。ですから、子育て支援をしていくためには、子どもの感情に成り込み、共感しているからこそ喚起される親自身のネガティヴな感情を、もっていても安全なものであると言ってもらえることが必要なのです。「よい親」であることを求められれば求められるほど、親たちの不安は高まってしまい、子どもの不安を受け止めるゆとりを失っていくのです。

4 「思いやり」という感情を育てるには?

これまで「うれしい」「たのしい」「かなしい」「怒っている」「うらやましい」といったような個人が感じる基本的な感情が育つプロセスを、感情の社会化という観点から述べてみました。一般的に、個人の基本的感情を重視すると、「わがまま」になり、自分の感情しか考えない「自己チュー」になるのではないかと思われています。しかしそれも「錯覚」です。以下、この本では、個人の基本的感情(特に怒りや悲しみなどのネガティヴな感情)を重視することが「思いやり」のある子どもに育つために重要であるということを、一貫して述べていくのですが、この「錯覚」にはまらないために、ここでなぜそれが「錯覚」なのかについて、説明しておきたいと思います。

感情の発達は階層構造になっていると考えてみましょう。「うれしい」「たのしい」「かなしい」「怒っている」「うらやましい」という個人の基本的感情がしっかり獲得されること、それがまず第一段階です。「思いやり」「かわいそう」「助けてあげたい」のような他者に対する感情とは、その上で発達する二段階目の感情なのです。一段階目が獲得されていない子どもは土台がないので、二段階目は構築されていきません。

ここまで述べてきたように、「うれしい」「たのしい」「かなしい」「怒っている」「うらやましい」という個人の基本的感情を、ことばによって表現することを獲得してきている子どもは、大人から自分の身体を流れるエネルギーの非言語的表出を正しく（共感的に）くみとってもらってきた子どもだということを意味しています。自分がわけわからずにかんしゃくをおこしていらだっているときに、「怒っているのね」と、怒っていることを承認されてことばにしてもらってきた子どもは、同時に、他者の非言語的表出をくみとるという能力も開発されてきていることになります。自分が悲しい顔をしているときに、「悲しいんだね」と応じてもらうことができてきた子どもは、悲しそうな表情をしている友だちを見たら、その子が「悲しい」のだということがわかります。そして自分の「悲しい」という経験と照合するということができます。そうすると、そこであらたに「かわいそう」といった感情を身体的に経験するということが起こります。そこに「思いやり」が生じるという関係が生まれるのです。

同情や共感といった他者に対する感情を身体的に経験するには、その源になる個人の基本的感情がしっかりと承認されて育つ必要があるわけです。個人の基本的感情が社会化されていないと、他者の非言語的表出を読み取ることができないのです。そのようなとき、「思いやり」ということばは、身体的なエネルギーとしてのアナログ的な（量的な）感情をともなわず、単にデジタルな記号にすぎなくなります。ですから、子どもたちの感情を育てるためには、子ども個人の基本的感情を重視していくことが重要なのです。

第2章　いまどきの親子の関係

1　理想的な子どもを求める子育て

現代において「子どもを生む」という選択をした場合、私たちは無意識に「子どもをもつことによって幸せになること」を求めています。そして、親が子どもをもつことによって、幸せを感じることができるためには、子どもが親の期待に応える理想的な子どもである必要がある、という状況にはまりやすい傾向にあります。子どもの感情の発達が困難になっている背景には、きわめて現代的な意味での「理想的な子どもを求める子育て」があります。

親が子どもを「よい子」に育てたいと願うのは、ある意味、当然のことです。子どもは親にとっての夢であり、希望であり、生きる意味として存在します。大切な子どもに健やかに育ってもらいたいと願う気持ちは、当然愛情であるわけです。ところが、わが子を「よい子」に育てたいと願う願い方には、「①子ども自身が本当の意味で『よい子』に育つことを願う。②他者から見て『よい子』であることを願う。

③親に対して『よい子』であることを願う」という三つの方向性があるのです。「①子ども自身が本当の意味で『よい子』に育つことを願う」はある意味当然のことですが、これは「②他者からみて『よい子』であることを願う」「③親に対して『よい子』であることを願う」と両立する願いではないのです。本当の意味で「よい子」に育つということは、他者からみたら「よい子」と評価されなかったり、親に対してはうんざりする子どもであったりすることを意味しています。「②他者からみて『よい子』であることを願う」「③親に対して『よい子』であることを願う」を優先させているときには、子ども自身が本当の意味で「よい子」に育つことよりも、親の理想を優先させているという事態が起こっていることになります。

どちらが「よい子」?

五歳のあやちゃんとみかちゃん（仮名）が公園の砂場で楽しそうに遊んでいます。たくさん、お山や川をつくって、水を運んで、全身でダイナミックに夢中になって遊んでいました。四時になって、お母さんがお迎えにきました。二人ともスイミングスクールの時間なのです。「お時間だから手を洗ってらっしゃい」と二人のお母さんが声をかけました。あやちゃんは、「はーい」とすぐに遊ぶのをやめて、水道で手を洗い、お母さんといっしょにスイミングスクールに行きました。ところがみかちゃんは、「いやだー。もっとお砂場するー。ママ、みて、これすごいでしょう。スイミング? いい……きょうは、行かない」と言って、お砂遊びからもどってきません。

さて、私たちは、あやちゃんとみかちゃんのどちらの子どもを好ましいと思うでしょうか? 多くの人が、おそらく、あやちゃんのように振る舞う子どもを求めています。きちんと言うことをきける子どもで、すぐに切り替えのきく子どもで、動作の早い子どもです。みかちゃんのお母さんは悩みます。「どうしてうちの子はあやちゃんのようにできないのかしら!!」

しかし、感情の育ちという点から考えると、みかちゃんのほうが望ましい子どもです。お砂場で夢中になって遊んでいて、あやちゃんもみかちゃんも身体でわくわく楽しみを体験していました。このような全身の五感を通して身体と想像力を使って遊ぶことは、子どもの発達にとってきわめて望ましいことです。そのように、楽しみのエネルギーが全身を流れているときに、それをストップするお母さんの声が聞こえてきます。その声を聞くと、子どもの身体はどのように反応するでしょうか? 楽しみのエネルギーが逆流したようになり、「いやだー、もっともっと遊びたい!」という感情があふれてくるのは、当然のなりゆきといえるでしょう。ですから、そこでみかちゃんが「いやだー」と叫んだのは、子どもらしい自然な感情の流れなのです。むしろ心配なのは、あやちゃんです。あやちゃんは、それまで自分の身体の中を流れていた楽しみのエネルギーを、お母さんの声を聞いただけで、ぴたっと止めることができてしまっているのです。身体からあふれてくるエネルギーの流れを、ぴたっと止めて、お母さんの指示に従うことができるということは、感情の育ちを考えたときに、むしろとても心配です。

幼いうちから「よい子」でありすぎると、思春期になってからさまざまな心の問題が生じてくることはよく知られてきていますが、「よい子」の問題とは、このような身体からあふれてくるエネルギーを大人の指示にあわせてぴたっと止められるように感情が発達してきているということなのです。このように、子どもの身体の「自然」が止められてしまっていることが、のちのち問題となってあらわれてくることがあります。

つまり、「①子ども自身が本当の意味で『よい子』に育つことを願う」ことと、「②他者から見て『よい子』であることを願う」「③親に対して『よい子』であることを願う」という願いは残念ながら、両立しないものであるということなのです。

私たちは、子どもに理想を求めるあまり、早熟に完璧な完成した子ども像を求めすぎる傾向があり、それが子どもの感情の社会化を困難にしてしまいます。

2 他者から見て「よい子」であることを強く願うとき
――叱ることをやめられない

他者から見て「よい子」であることを強く願っている場合、それが実現できないときに、親自身にとても大きな不安が喚起され、どうしても「叱らずにはいられない」という状態に陥ってしまいます。

子どもが「みんなと同じ」「よい子」でないと、親の中にとてつもなく大きな不安が喚起され、その不安は、自分が子どもを愛することができなくなるのではないかという不安に通じていきます。なんらかの理由で子どもが「みんなと同じ」ではなくなったとき、必死で叱ることを通して子どもに「みんなと同じ」であることを要求してしまいます。「みんなと同じ」でなければ、他者からそれなりに「よい子」と見てもらえず、「だめな親」という自分に対する評価として返ってくることへの怖れが、子どもを叱るという行為に突き動かしてしまいます。親の愛情の裏返しとしての虐待的関係に陥ってしまうのです。

たとえば、子どもが幼稚園や保育園で、順番を守って並ぶとか、食事の時間が終わるまで席についているとか、きちんとした子どもなら「ふつうに」できることができないということで、幼稚園や保育園の先生から、「お宅のお子さんはみんなと同じようにできない」ということを伝えられると、他者から見て「よい子」であることを願っている親はとてつもない不安におそわれ、子どもを必死に叱り、早くきちんとしつけなければとあせることになります。朝、親からスムーズに離れられず、ぐずぐず泣くということが毎日続くと、他の子どものようにどうして「ふつうに」できないのだろうと、子どもに対して怒りの気持ちがわいてきてしまいます。

また、自分を基準にして「ふつう」と思っていると、子どもが「ふつうではない」と思いこんだときに、他者から見て「よい子」には見えないような気がして、不安におそわれます。そして早くきちんとしつけなくてはとあせり、叱ることが日常になってしまいます。「ふつうお兄ちゃんだったら、弟にゆずることができるでしょう！」「ふつう、二年生にもなれば、ひとりでお留守番できるでしょう！」

「みんなと同じ」や「ふつう」についての認識は、多くの場合、私たち親の世代が自分の親からできてあたりまえと求められ、必死に実現しようとがんばってきたことなのです。他者から見て「よい子」であることを強く願う親は、自分自身も幼いころから、ずっと他者から見て「よい子」として育ってきていることが多いものです。他者から見て「よい子」であるということは、親自身も他者から見て「よい親」だと見られるということと直結しています。子育てに困難が伴うのは、常にパラレルに自分がどう育てられたかという記憶がよみがえり、子どものときの自分自身の辛さが再現されてしまうからなのです。

小一女子の母　主訴：叱るのをやめられない

「ふと気づいたら、二時間たっていました。目の前の子どもは、目が泳いでうつろになってすわっています。私は二時間、叱りつづけていました。子どもは私が叱り始めると、素直にすわっていますが、いつものようにぼーっとなって心ここにあらずにいるというのはわかっています。でも、私は叱り始めるとやめられないのです。担任の先生からの連絡帳に『絵の具を忘れたので図工の時間、作品を仕上げることができませんでした。次回はお母さんも確認してあげてください』とあったのです。私は何度も何度も『絵の具持った？』と確認しているんですよ。それなのに、忘れていってくれて、まるで私がちゃんと子どもの世話をしていないみたいじゃないですか。そう思うと、もういらいらして、私はこの子のせいでだめな母親になっちゃうんですよ。それが許せなくて、怒りがおさまらないんですよね。でも、ふっと気がつくと、こんなふうに怒るから、この子萎縮してしまうんだって、自己嫌悪に陥るんです」

3　親に対して「よい子」であることを強く願うとき
――叱るのがこわくて叱れない

一方、親に対して「よい子」であることを願う場合というのは、反対にこわくて叱れない、叱りたくないという状況を生み出します。

この場合、自分自身の前で子どもが「よい子」の顔を見せてくれていれば、子育てはとても楽しいのですが、自分の目の前で子どもが泣いたり、ぐずぐずしたり、言うことをきかなかったりすると、とても大きな不安が喚起されます。無意識的にですが、子どもが自分の言うことをきかないと、自分自身を否定されているような不安におそわれるのです。ですから、子どもがぐずぐず言わないように、「いつもにこにこ明るい子」でいてくれるように、子どもの機嫌をとりがちになります。子どもとの葛藤を恐れているのです。一見、とても民主的で対等な友だち親子であるようにうつります。親の前で「いつもにこにこ明るい子」である子どもは、親を癒す役割を担うことによって、愛されるという立場におかれることになります。子どもは親を大好きですから、親が不安にならないように、親を満足させることのできる自分を演出するようになります。

この関係は、たとえが悪いですがある意味、ペットとの関係に似ています。ペットは飼い主を癒す役割をもつものとして愛されます。飼い主の前でどのような顔を見せれば愛されるかをペットも学習していくわけですが、人間の子どももこのような関係の中では、同じことが起こります。

子どもは身体的な存在ですから、身体からあふれてくるエネルギーをぶつけて、ぐずり、泣き、すねて、反抗します。そのようなネガティヴな感情をぶつけられると、親自身もとても不快な気持ちになります。他者からみて「よい子」であることを願っている場合には、叱りすぎてしまうのですが、親の前で「よい子」でいてほしいと強く願う親の場合には、不安や不快な気持ちにさせられること自体を避けようとします。

たとえば、食事の習慣や寝る時間などの基本的な生活習慣においては、子どもがぐずって食べないものは食卓から排除し、にこにこと機嫌よく食べるものばかりを食卓に並べることにすれば、子どもはにこにこして親を癒す役割を果たしてくれますが、栄養が偏るという意味で本当には愛されていない、大事にされていないということを子どもは経験していることになります。

子育てによって生じる自分自身の不安や不快を回避することが親にとっては常に重要なので、子どもにトラブルが起こったときには、苦情を言う傾向が強くなります。「宿題を出さないでください」「あの子と席を離してください」「○○係にはさせないでください」などという学校への要求は、そのことをめぐって、子どもが家でネガティヴな感情を表出し、それにより親が不安や不快を感じ、その結果、自分自身の不安や不快を回避するためには、先生にお願いしようという発想になっている場合が多くあります。親の心の中にわきあがってくる不安や不快な感情を、親自身が受け止めることができないのは、叱りすぎる場合と同様に、親自身が育ってきたプロセスと関係があります。

子どもが親の理想を満たしてくれているうちは、親子ともに特に問題を感じないかもしれません。ところが、親の前で「よい子」でいてくれることのみをきわめて強く願っている場合には、成長とともに子どもが親を癒す役割をとれなくなったときに、精神的に捨てられてしまうということも起こります。親に不快な気持ちを引き起こす子どもは、かかわりをもたないという形で捨てられ、情緒的に一線をひかれてしまうということが起こります。援助交際やプチ家出などの問題に見られる民主的に放任された親子の関係は、まさにそのことを意味しています。子どもたちは居場所をもとめてさまよい続けます。

4　子ども自身が本当の意味で「よい子」に育つことを願うには

子育てには、逆説的なむずかしさがあります。たとえば、この本のテーマである「怒りをコントロールできる子になるためには、どうすればいいのか」ということについての理想的な育て方があるとしましょう。「攻撃的なテレビやビデオは見せない、ゲームはせいぜい三〇分でやめさせる、食事は自然食でジャンクフードは食べさせない、早寝早起き、睡眠は十分にとる、夫婦は仲良く、父親も子育てに参加する」など。これらのひとつひとつはそのとおり大事な努力目標でしょう。ところが、このように完璧に子どもを育てようと思ったとたんに、それはここまで述べてきたような「理想的な子どもを求める子育て」になってしまうという逆説に陥るのです。これらを完璧にこなして、親の言うとおりに子どもが従って育ったとしたら、子どもの感情の発達は支障をきたすことになるでしょう。理想を求めて子育てをするときに起こってくる問題は、「子どもの顔」を見ていないということです。

「子どもの顔」には、身体の中を流れる感情のエネルギーが表出されています。子どもの身体からあふれてくる感情の非言語的表出を見ていれば、おのずと親の理想どおりにことは進まなくなります。私たちが子どもの顔、子どもの身体からあふれてくるものをしっかりと見て、それに応じて親として感じる動物的勘のようなものに自信をもってかかわっていくことができれば、子育てはそれほど困難なものではないはずです。

子どもは「自己愛」を映し出す存在であり、子どもを育てるということは「自分を愛する」という大きな課題をつきつけてくるプロセスでもあります。ですから、「自分を愛する」ということについて大きな不安を抱えている場合や、自分の中に切り捨ててしまいたいくらいいやだと思っている部分があるような場合には、子どものネガティヴな感情にふれると、不快な感情がひっぱり出されてきてしまいます。自分の中の弱さやだめなところも含めて自分を受け入れている感じ（いわゆる自己受容感）を確かなものとして持てていると、子どもが自分の理想を満たしてくれる存在ではなかったとしても、子どもと自分との距離を適度にたもつことができます。ある意味、子育ては理想を上手にあきらめていくプロセスでもあるわけです。親が上手にあきらめられたとき、子どもは、親の理想を実現する存在という条件づきではない、ありのままの存在として認められることになるわけです。

子どものころから、他者との比較、評価の中で育てられてきた現代の親世代は、大人になっても、他者からの評価におびえ、根底に自己否定的な思いを抱えており、その不全感を子どもで埋めようとする傾向が強い時代にあるということができます。大切な子どもだから、よい子、理想の子に育てたいという願いをもつことは、当然のことなのですが、その願いの方向が、自分の満たされざる不全感を埋めることに向いているとき、子育ては苦痛の源になってしまいます。子育ては「ほどほど」が一番であり、「よい親」

を求めない社会の雰囲気が「ほどほど」を育てていきます。だれもが苦労しながら、子どもを育ててきたということに共感するやさしい社会が、親世代にゆとりを与えてくれるでしょう。

第3章　怒りをコントロールできない子どもたちの感情の発達

さて、このような子育て困難の時代の中で、子どもたちの感情の発達はどのように困難になっているのでしょうか？　他者から「よい子」だと見られることを願う場合も、親の前で「よい子」であることを願う場合も、ともに特にネガティヴな感情が社会化されずに育つという問題が生じます。怒りや悲しみや不安といったネガティヴな感情が、ことばとのつながりをもつチャンスを持てずに、成長してしまうということです。その結果、子どもたちは、怒りをコントロールできずに攻撃的になったり、極端な二面性を示したり、身体感覚がわからなくなり、自分の感情がわからないという子どもになってしまいます。このような感情の発達のプロセスについて、詳しく述べていきます。

1　ネガティヴな感情が社会化されないとき

これまで述べてきたように、身体の中を流れるエネルギーとして体験されている感情が大人に察知されて、ことばで適切に名づけてもらうというプロセスを経て、感情は社会化されていきます。ところが、実際の子育ての中では、これはそれほど簡単なプロセスではないのです。

あきらの哀しみ

二歳のあきら（仮名）の下に弟が生まれました。あきらは、お母さんが弟を抱っこしている姿をみると、身体の中から不快なエネルギーがあふれてくるのを感じます。あきらはそのエネルギーに突き動かされて、お母さんの胸に抱かれる弟に蹴りをいれてしまいます。お母さんは、生まれたばかりの赤ちゃんが怪我をするのではないかと気が気ではありません。必死に「ことば」であきらに教えます。

「赤ちゃんは弱いんだから、絶対にたたいてはいけません」

「あなたはお兄ちゃんだからやさしくしてあげてね」

両親が何度話して聞かせても、あきらの弟への攻撃はやみませんでした。しだいに両親は弟への危険を回避するために、あきらをたたかざるをえなくなりました。両親はきちんとしつけなければとあせり、たたかれて泣き叫ぶあきらを「ごめんなさい」が言えるまで風呂場に閉じ込め、なかなか「ごめんなさい」が言えないあきらをかわいいと思えなくなってしまいました。

このように、最初は「ことば」により「ものわかり」を促そうとするのが、一般的なかかわりでしょう。理屈でわからせて行動を制御することを求めるかかわりです。しかし、それはあきらの身体の中を流れているエネルギーに即したことばではないので、感情の社会化に必要なプロセスは起こりません。後日、「あの子ったら『やきもち』がひどくてね、困っているのよ」などという大人の会話を耳にして、自分の身体の中を流れているエネルギーは「やきもち」という「ことば」で名づけられることを知るでしょうが、「やきもち」は大人に否定される自分というネガティヴなイメージとして、記憶されるでしょう。

あきらは頭ではいけないこととわかっていても、それでも、弟がお母さんの胸に抱かれていると、身体からネガティヴな感情があふれてきてしまうのです。しかしそのネガティヴな感情を持っていると、親に愛されないということも明らかです。このような状況においては、容易にダブルバインド状態が生じます。

つまり、親は当然あきらを愛しています。だから弟を蹴らないよい子になってもらいたい。よい子になってもらいたいと願うこと自体、愛しているということを意味しています。しかし、あきらの身体からあふれてくる不快な感情がある限り、あきらは親から愛されない。あきらは、親から非言語的には愛しているというメッセージを受け取り、言語的には愛さないというメッセージを受け取るという矛盾した状態に陥ります。毎日毎日このようなダブルバインド状態にさらされていると、子どもは親から愛されるために、親に承認してもらえないネガティヴな感情をないことにするという防衛が働いて、その家族の状況に適応するのではないかと想定できます。それは、解離の防衛という反応です。

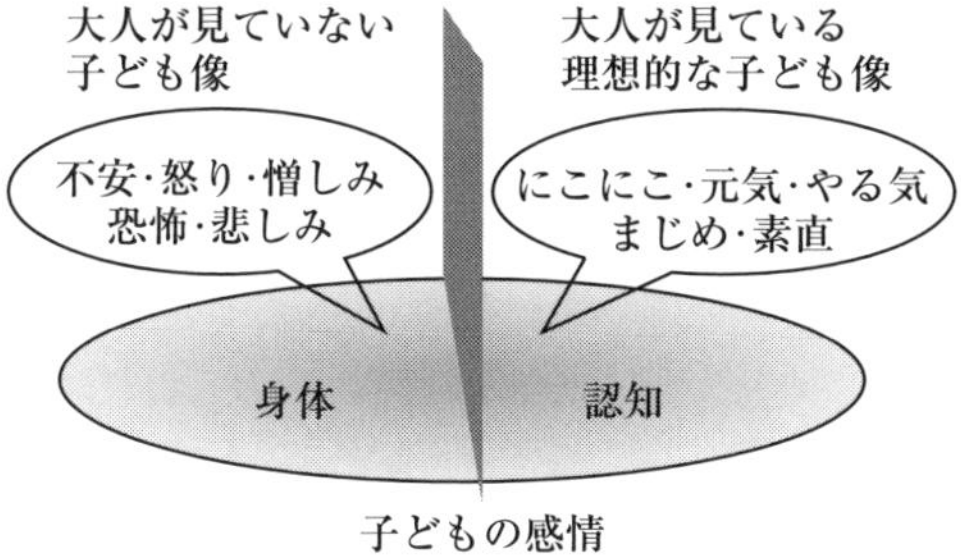

図１　解離する感情のイメージ

図1のイメージ図を見てください。子どもが感情の発達の途上において、身体からあふれてくるネガティヴな感情を持っていると、親を不幸にし、自分が愛されないというような状況におかれたとします。すると、あたかも身体（非言語領域）と認知（頭・言語領域）との間に壁ができているかのような状態に陥ります。これは適応のために解

離様式を身につけた状態、と言いあらわすことができます。

人は耐え難くつらい感情が喚起されるような状況にさらされると、その感情を感じないように防衛することができます。生き延びるための適応の手段です。虐待を受けて育った子どもが、解離の防衛を用いて生き延び、のちにその後遺症として解離性障害を呈することはよく知られています。解離には、正常反応としての解離から、解離性同一性障害（多重人格）という病理の進行した状態までがあり、解離現象は幅広いスペクトラムで捉えられるものだといわれています（岡野、一九九五）。ドノヴァンとマッキンタイア（二〇〇〇）は、子どもの解離現象は、非常に一般的にみられるものであるため、解離として認識されることはまれであり、子どもたちは、自分の解離反応について苦痛や不満を訴えることがないと述べています。解離による離人症状などを不快なものと感じることができるためには「感情面、認知面での一定の成熟度が必要だ」とし、思春期や成人期ほど自己を意識していない子どもは、解離していること自体への認識ももっていないといいます。そして「解離現象はそれ自体が病理的なものであるわけではなく、解離の存在が適応的な変化を妨げるようになってはじめて、解離現象は病理的なものとなる」（ドノヴァンとマッキンタイア、二〇〇〇）と説明されています。

本書では、この子どもの適応スタイルとしての解離様式を、親子のコミュニケーション（相互作用）の視点から扱っています。そして、子どもの感情の発達途上において、身体と認知の間における解離現象というものが、きわめて顕著に見られるということを仮説として提示しています。この仮説は、親子のコミュニケーションの改善が、子どもの解離様式を無効化して、感情の統合を促すという私の経験的臨床実践から導き出されています。したがって、この仮説は、第Ⅱ部に示す援助方法を導き出すための前提として重要な意味をもっています。

あきらの暴発

あきらの父は、厳しくしつけなければならないとの信念をもち、厳しい体罰を加えました。母の心の中には、赤ちゃんを殴るような子どもはどうしても愛せないという拒絶の気持ちがわいてきていました。しだいに、三歳になったあきらは見違えるほどよい子になり、弟をかわいがるようになりました。それからあきらはとてもやさしいおだやかなお兄ちゃんになり、弟が生まれたときにあれほど激しい子どもだったことは両親も忘れてしまうほどでした。

ところが、小学校入学後、おだやかにしているかと思うと、突然に友だちを突き飛ばしたり、殴りかかったりするようになりました。家では大変おだやかで、弟をよくかわいがり、母の手伝いをするやさしいお兄ちゃんなので、両親は学校での様子を理解することができませんでした。

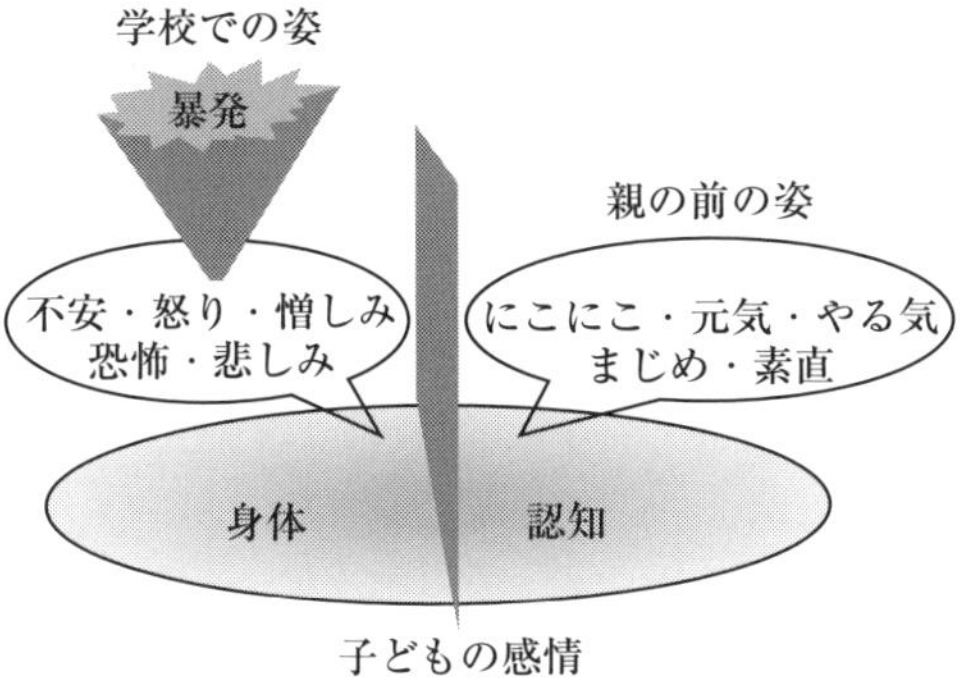

図2　小学生の怒りの暴発のイメージ

図1（27頁）のような感情の状態にある子どもは、身体と認知（頭）との間で解離していますので、身体で感じているネガティヴな感情が非言語的に表情などに表出されないという特徴をもちます。家では、いつも、にこにこおだやかで、感情的になることもなく、困っていることは何もないという子どもの姿です。それはまさに親が求めている理想の子どもの姿かもしれません。ところが、解離させていたネガティヴな感情は、学校でのちょっとしたトラブルや不安を喚起されるような場面で、暴発し、コントロールできない

混乱状態に陥ったのです。図2（前頁）のように、おうちモードと学校モードが壁で隔てられているような状態になっているので、おうちでの様子と学校での様子がまったく異なるのです。

表情というものは、本来は、意識でコントロールしたくてもできないという性質をもつものです。勝手に顔が赤くなってしまったり、元気のない顔や不安な顔になってしまったり、あるいは「何かいいことあったの？」と隠しておきたいこともばれてしまったりするものです。そのように身体と認知とがつながりをもっている状態にあるときには、感情はおのずと表情に非言語的に表出されます。ところが、図1（27頁）のイメージで示したような感情の育ちをしている子どもは、感情が非言語的に表出されないのです。すごく困っているのに、元気な顔をしていて、いじめられているのに、へらへらしていて、つらいことを明るく話し、葛藤を抱えるということができないのです。つらいことを明るく話すので、つらさを理解してもらえず、ますますネガティヴな感情を承認される機会を失うという悪循環にはまっていきます。

あきらの例は、弟が生まれれば当然に生じる嫉妬の感情を、親から「当然」のことと承認してもらえないところから派生して、しつけの行きすぎ、叱りすぎが生じ、ネガティヴな感情の社会化が妨げられるという例でした。このように、しつけをあせり、きちんとよい子にしなければと思うあまり、叱りすぎることによって体罰も生じ、虐待的関係に陥ってしまうという例が、ひとつの典型です。

反対に、親の前で「よい子」でいてくれることを強く願っており、叱ることができないでいる場合にも、図1と同様のことが起こるのです。虐待がある場合に、子どもの感情が解離することは、虐待についての研究（西澤、一九九九）などで以前より強調されてきていることですが、「叱れない」場合にも同様のことが起こっているということは、これまであまり認識されてきていないと思います。しかし、子どもがダブルバインド状況から逃れて、その環境に適応するために解離する、という仮説を設定すると、この現象を理解することができるのです。

親が自分の前で「よい子」でいてくれることを強く願い、親が子どもとの葛藤を避けて、子どもがいつもにこにこしてポジティヴな感情のみでいてくれればよいと、意識的にも無意識的にも望んでいるときには、子どもがネガティヴな感情を表出したとき、親は非言語的に強い不安を表出することになります。葛藤を避ける傾向があるので、言語的に子どものネガティヴな感情を否定しませんが、非言語的には不安や怒りが表出されます。そうすると、言語的には愛しているというメッセージを受け取り、非言語的には愛せないというメッセージを受け取るという矛盾したダブルバインド状態に陥ります。

小二男子　主訴：暴言・乱暴

小学校二年生のたくや（仮名）は、学校では野獣のごとく手におえない存在として問題児になっていました。ささいなことでかんしゃくをおこし、暴言をはき、注意されるとわけがわからなくなって乱暴をしました。困惑した担任が母にそのことを伝えると母は、驚いて信じることができませんでした。母は七年間たくやを育ててきたけれども、そんな姿を一度も見たことがないのです。家では今でも「王子様」であり、思いやりのあるやさしい子だといいます。父も母も一人っ子のたくやがかわいくて仕方がありません。大事に大事に育ててきたのです。

私は母に、毎日たくやくんに次のように言ってあげることをお願いしました。「あなたが学校でいやーな気持ちになるようなことがあったら、お母さんはそのことをすごく知りたいから、教えてね」。同時に、家でも手におえないやんちゃな姿がみられるようになったら、良くなっているサインであるということを母に伝えました。母がたくやの「いやな気持ち」に関心を向け受け止めようと努力すると、わずか二週間で、たくやはむかつく話を母にするようになりました。そしてその話を共感的に聞いているうちに、あふれるばかりに母に文句を言うようになったのです。それと並行して学校での問題行動は収まりました。極端な二面性はなくなり、家でも学校でも同じやんちゃな男の子の姿をみせるようになったのです。

ところが、「王子様」が突然母に反乱を始めたことは、母にとっては「理想の子ども」を失うということを意味し、大きな喪失感をもたらすものでした。ある日たくやが自分を受け止めきれない母を批判して「母親失格だ」と叫びました。すると母は混乱して泣きつづけたのです。夜おそく帰ってきた父は目を真っ赤にした母に事情をききました。そこで父は、寝ているたくやを起こして「お母さんを悲しませてはいけない」ということをこんこんと言ってきかせたのでした。たくやがネガティヴな感情を社会化できないできた理由はここにありました。たくやは自分の身体からあふれるネガティヴな感情を自然のままに表出すると母を不幸にし、父からも否定されるという関係性の中で育ってきていたのです。

その後、父も母も状況をよく理解し、子どもとしてのたくやをありのままで受け入れることができるようになりました。たくやは、ベランダで虫を飼い始めました。これまでたくやは虫がきらいと母に言っていましたが、それは母が好まないからであり、本当は虫を飼ってみたかったのです。

そういう本音が出せるようになり、三ヶ月後には何の問題もなくなりました。母は振り返ってこう話しました。「私たちは、子どもを愛していたのだけど、どこかペットのようにしていたのだと思います。私の理想の子どもであってほしかったし、王子様のようにかわいかったんです。でも、今、子どもの人格を尊重するということがわかってきました」

たくやの事例は、大事に大事に育ててきている場合であっても、虐待的関係にある場合と同様の感情の発達をするということを、シンプルな形で教えてくれた事例でした。たくやの事例にみられたダブルバインド状態は、やんちゃな男の子であるたくやが身体からあふれてくるネガティヴな感情を表出すると、母がたいへん不安になり、父は母を心配して、たくやに母に不安な顔をさせるようなことをしてはいけないと制御するという関係から生みだされていました。たくやは母にも父にも愛されるためには、身体からあふれてくるネガティヴな感情はないことにして、図1（27頁）のような状態になっていたと想定されるのです。

感情を解離させるのは、適応のためであり、子どもが親に愛されるためなのだということが重要なところです。ですから、家族が避けがたい不条理の中で懸命に生きているときにも、子どもは親に負担をかけないために、自ら感情をコントロールして、よい子になります。たとえば、親がガン告知をうけて手術をしたり、祖父母の病気の看病や介護を抱えていたり、リストラにより失業したり、きょうだいにハンディキャップをもつ子が生まれたり、事故があったり、家族関係に不和があったりなど、親自身が必死に精一杯生きているとき、子どもは自らネガティヴな感情をないことにして、親を癒す子どもでいようとします。子どもは、本当にけなげな存在なのです。大人を助けるために不遇な環境に適応するために、自らの感情を解離させて適応するという感情のコントロールができてしまうのです。

2　子どもの心の脆弱性と易トラウマ性

このように、さまざまな理由から、子どもの感情の育ちの中でネガティヴな感情は社会化されることが困難になっているのが、子どもの育ちの現実です。ことばとのつながりを持たず、社会化されていないネガティヴな感情は、混沌としたエネルギーのまま、閉じ込められ、成長発達のなんらかの機会をきっかけに暴発します（図2、29頁）。

図1（27頁）の壁は解離の度合いによって、レースのカーテンのような状態から、鉄筋コンクリートの壁のような状態までさまざまな度合いがあると考えてください。虐待や体罰などにより、鉄筋コンクリートの壁が構成されているような場合は、思春期になって解離性障害を発症するような深刻な状態であるということを、図1は意味しています。レースのカーテンレベルの壁は、いまどきの多くの子どもたちに共通した感情の構造であり、それゆえに、多くの子どもたちが抱えている脆弱性の問題に通じるものといえます。ここでいう、脆弱性とは、トラウマを形成しやすい心の状態（易トラウマ性）を意味しています。感情の発達のプロセスにおいて、健常なレベルでの解離の防衛を頻繁に使用し、適応のための解離様式を身につけている場合には、病理的なレベルでの解離のメカニズムをもつ「トラウマ」を形成しやすいのは必然ともいえます。この易トラウマ性は、子どもたちが傷つきやすく、挫折しやすくなっていることの背景のひとつであると考えられます。

「トラウマ」というものについて、少し、説明しておきます。近年のＰＴＳＤ（心的外傷後ストレス障害）に関する研究によると、トラウマは、心的外傷を受けた出来事についての記憶の問題であると考えられています。「心の傷」というのは、あいまいな響きをもつことばですが、実は「記憶」の問題なのです。

ＰＴＳＤのメカニズムは、次のように説明することができます。我々が経験する出来事は、通常、認知・情動（その出来事にともなう感情）・身体感覚・イメージ・音などの情報がセットとして記憶され、脳の神経回路の中で情報処理されると考えられています。ところが、耐えがたくつらい出来事（外傷体験）に出会うと、脳の「海馬」の働きが抑えられることにより、認知・情動・身体感覚・イメージ・音というまとまりが、切り離されることによって、つらさを感じないようになります。これは「解離」といわれる防衛のメカニズムであり、人がつらい経験の中を生き延びようとする適応のプロセスでもあります。しかしながら、そのような外傷記憶は、それを思い出させるような、引き金の存在により、突然予測不可能な形で、フラッシュバックします。フラッシュバックとは、つらい体験をしたときに適応するために切り離されていた身体感覚や情緒（激しい怒りや悲しみなど）が一挙に蘇り、一種のパニックに陥る状態をいいます。

解離様式を身につけて、ネガティヴな感情が社会化されないような感情の育ちをすることが、易トラウマ性という脆弱性につながるということについて、事例をあげて説明します。

小一女子　主訴：不登校

恵子（仮名）は年子の三人姉妹の長女でした。幼いときから「しっかりしているね」といつもほめられるほど、いつでもどこでもきちんとしている子で、二人の妹の面倒をよくみており、母にとっては頼もしい存在でした。

小学校に入学後、クラスの中でけんかがあり、男の子が怪我をして血を流して病院に運ばれるという出来事がありました。恵子は息をのんでその場に立ち尽くしていました。その事故について、母に不安を訴えることもなく、泣くこともなく、母は友人の保護者から事故があったことを聞いた程度だったそうです。その後しばらくして、学校が怖くて登校できなくなりました。

その事故を目撃したことによる単回性のトラウマ反応に対して治療を行うと、次には、妹たちや母親に対する激しい怒りが表出されていき、家のなかで「よいおねえちゃん」ではなくなりました。その様子を両親は子ども本来の姿として、受容することができました。そして、一年後、自分のいやな気持ちを堂々と言うことのできる子どもになり、登校を再開することができました。

恵子は「よいおねえちゃん」として育つプロセスの中で、図1（27頁）に示したようにネガティヴな感情を壁のむこうに追いやる習慣がついているという発達をしていたと想定されます。このようなネガティヴな感情を解離させて感じないようにする習慣のある子どもは、事故の目撃というような強いネガティヴな感情をともなう体験をする危機に直面したときにも、容易にいつもの解離様式を用いて、その強いネガティヴな感情を解離させてしまいます。同じようにその事故を目撃したとしても、お母さんに「怖かったー」と話し、泣くことを通して、ネガティヴな感情を受容され、安心するという体験ができれば、その事故の記憶を安全なものとして処理していくことができます。ところが、日ごろから、図1のように解離様式を身につけ、ネガティヴな感情が社会化されない習慣のついている子どもは、心的苦痛をともなう出来事に遭遇したときに、容易に解離することで一時的な安全を保とうとするために、PTSDが生じやすくなってしまうのです。恵子の場合は、学校恐怖という形のPTSDとして不登校が発症していました。恵子が回復していくプロセスは、単に事故についての恐怖が処理されるということにとどまらず、図1で示した壁そのものが壊れていき、妹や母に対する怒りや悲しみ、嫉妬の気持ちがよい子の気持ちとまじりあい、統合されていくプロセスでした。

このように、日常的な親子のコミュニケーションの中で、ネガティヴな感情が社会化されない習慣がついているということは、たやすくPTSD状態を引き起こすという意味での脆弱性を抱えることになります。同じような理由で、「いじめられ」は今の子どもたちにとってはたやすく深い傷になります。そして、「いじめられ」による傷は対人不安、人間不信を生み、長期にわたる不登校やひきこもりにつながっていくのです。

大人であっても、戦争はもとより災害、事件、事故、喪失体験など、大きな心的苦痛に出会ったときには、同様の防衛反応がおこり、その後ストレス反応を示します。このような単回性の外傷体験とは別に、生い立ちの中で繰り返し恐怖にさらされることによって生じる問題を、複雑性ＰＴＳＤといいます（ハーマン、一九九二）。虐待を受けて育ったり、両親がＤＶ（夫婦間暴力）であり家庭の中に常に暴力が存在した場合など、子どもは日常の中で常に前述したような、解離の防衛を駆使して生きていることになります。それによりのちに、さまざまな心理的問題が生じていくことが、外傷性精神障害や複雑性ＰＴＳＤと言われています。外傷性精神障害には、解離性障害をはじめ、さまざまな症状が含まれます（岡野、一九九五）。

この複雑性ＰＴＳＤが生じていくプロセスは、本書で述べている感情の発達のプロセス、すなわち親子のコミュニケーションの中で解離様式を身につけてネガティヴな感情が社会化されずに育つという感情の発達のプロセスにほぼ重なるものであろうと私は考えています。多くの場合、外傷性精神障害や複雑性ＰＴＳＤという既成の診断名で診断されるのは青年期以降です。本書で注目し、問題にしているのは、児童期という発達途上の症状です。その症状には、青年期の深刻な外傷性精神障害や複雑性ＰＴＳＤや解離性障害の形成途上と思われる症状がみてとれます。児童期の症状が増幅されていくプロセスを理解するには、家族や学校という子どもが育つシステムでの相互作用を視野に入れる必要があります。個人と環境との相互作用をも視野に入れた上で、児童期に適切な対応をしていくことは、後の外傷性精神障害や、複雑性ＰＴＳＤ、解離性障害などの発症を予防するためにもきわめて重要です。既成の診断名が冠せられる前の年齢の子どもたちの育ちを軌道修正することによって、育ちなおしを可能にするための視点が、ネガティヴな感情の社会化という視点なのです。

3　著しい情緒不安定による攻撃的な子ども（小学校低学年）

ネガティヴな感情が社会化されないまま育ってきた子どもが、どのような姿を呈するか、具体的に示していきたいと思います。

小学校入学後、集団の中で落ち着くことができず、暴れまわったり、暴言を吐き、注意されるとパニックになって暴力をふるったり自分を傷つけたりする子どもがいます。このような子どもはまわりの子どもを突然つきとばしたり、鉛筆をつきさしたり、髪をひっぱったり、ガラスに石をなげたりするので、危険きわまりない存在として学校中の問題児になります。校長先生に「くそじじい‼　ぶっ殺してやるぞ」と叫んだかと思うと、保健室では赤ちゃんのように抱っこを求めて指をしゃぶって眠ったりします。対応する相手によって、まったく異なる反応をします。厳しくこわい大人に対しては従順になり、やさしいけれど注意をする大人には暴言を吐き、受容してくれる大人の前では赤ちゃんのようになってしまいます。そのときの状態によって、小学生として文字を書けるときもあれば、まったく文字を書けないような幼児の状態になったりもします。極端な場合、あたかも「子ども版多重人格？」と思いたくなるような様相を呈することもありますが、子どもの場合は、いろいろな「年齢モード」が混在しているという状態です。このように精神年齢の状態が一貫しないので、常識的に考えると、まわりの目からは「がんばればできるのにやらない」「わがままに育てられたのだろう」「しつけが足りないからこういうことになる」と認識されることになります。

しかし、このように精神年齢の状態がばらばらで、著しい情緒不安定を示す子どもは、乳幼児期において、きわめて深刻な「危機」に出会ってきた子どもだと推測してかかわることがとにかく必要です。

親が子どもとともに死のうとしたことがある場合や、虐待があった場合、生死をわける重病や事故にあっている場合などがあります。このような状況にあるとき、第1章で示したように、人生早期において獲得するべき世界に対する「安心感」「安全感」を得ることができずに育ってきてしまうのです。そしてたった一人で自分の身を守ろうとして、本能的に闘争モードに入ってしまいます。特に保育園などで小人数で親密な関係の中でなんとか安全を確保してきた子どもが、小学校に入学し、大勢の大きな人間たちと学校の広さ、慣れない環境にさらされたとき、そういう環境の変化は、「安全感」「安心感」を獲得していない子どもにとっては、脅威になります。脅威を感じると闘争モードに入るので、攻撃性が前面に出てきてしまいます。

小一男子の母　主訴：攻撃的で衝動的で手に負えない

「その当時、私もおいつめられていたのです。妊娠したところで夫が浮気をしてそのまま家を出ていってしまいました。私は夫の寝たきりの母を介護していたので、夫が出て行ったあとも嫁をやめることができませんでした。夫の母を看取ったあと、私はうつ状態になってしまい、子どもをどうやって育てていたのか、あまり記憶にありません。子どもが二歳くらいのとき、思い余ってこの子といっしょに死のうかと思い、屋上に立ったことがあります。今は、なんとか落ち着いて、正式に離婚も決まって養育費ももらえるようになったので、前向きにやっていこうと思っています。が、私が落ち着いたあたりから、この子が幼稚園で暴れるようになってしまいました。幼稚園の先生からは、ちゃんとしつけるようにと叱られました。子どもに乱暴はいけないと教えているのですが、注意されるともっと荒れてしまって手に負えないのです」

このような情緒不安定状態にある子どもの問題行動を、「がんばればできるのにやらない」「わがままに育てられたのだろう」「しつけが足りないからこういうことになる」と認識してしまうと、当然のこととして注意・叱責を中心とした厳しい指導が行われます。時に「悪いことをしたのだから」という理由で体罰も正当化されます。が、大人の注意・叱責は子どもにとっては脅威になりますから、ますます攻撃性が増幅されるという悪循環の中で、ネガティヴな感情は社会化されないまま、大人にあわせて都合よく「適応」のみを学ぶということになっていくのです。厳しい先生が担任をすれば落ち着くので、やさしい先生の対応が不十分だったと評価されることもありますが、脅威を与えておとなしくさせられた子どもは、傷を深くして問題を先送りしただけで、高学年になってからいっそう問題が深刻化してきます。幼いときに適切に対応することが、子どもを救うことにつながります。

小二男子の担任　主訴：できないことがあると自傷行為をする

「算数のプリントでまちがったところがあったり、跳び箱などでできないことがあるとパニックになってしまって、ぼくはもういらない、いないほうがいい、死んだほうがいいんだと叫んで、鉛筆を自分の手の甲にさしたり、頭を机にがんがん打ち付けたりするんです。お母さんにお話したら、そういうときは叱ってくださいとおっしゃるだけで、ご家庭での様子は聞くことができませんでした」

学校側からは、早い段階で、幼少期にどんな危機があったのかを把握することは困難です。ですから、このような著しい情緒不安定を示す子どもがいたら、理由は把握できない段階であっても、とてつもない危機を体験して育った子どもなのだろうという仮説をもって対応することは、問題を増幅させることを防ぎます。重要な点は、いかにしてこのような子どもに外界は「安全である」ということを体験させるかということなのです。「安心感」「安全感」が育っていないと、ネガティヴな感情を支えることができないのです。

4　突然きれてパニックになる子ども（小学校高学年）

小学校での集団での学習状況にとりあえず適応することができた子どもであっても、大人からみるときわめてささいなことに反応して、パニック状態に陥り、きれて攻撃的になる子どもがいます。多くの場合、自分が否定されるような文脈や、できないことにぶつかったときに反応し、過度に被害的になります。自分ができないことや、否定されるような場面では、ネガティヴな感情が身体からあふれてきますから、図2（29頁）に示したような状態で、ことばとつながりのない混沌としたネガティヴなエネルギーが暴発するのです。

このような子どもは、集団の中で「いじめられ」の経験があったり、「できない」ということで過度に叱責や体罰を受けていたりする経験をもっています。

子どもたちは、日々生きていく中で、さまざまなつらい体験をします。集団の中で生活していれば、けんかもあるし、いじわるもあるし、誤解されて叱られたりもするでしょう。そのような子どもの生活の中にあるさまざまな苦難に対して、子どもが「つらかった」「いやだった」「悲しかった」と親に話すことができ、受け止めてもらえるという関係にある子は、日々の生活の中で感情は豊かにはぐくまれ、同時に耐性もついてゆきます。ここでいう耐性とは、困難や苦悩を抱え、感じつづけることのできる力を意味しています。そのような子どもは、感情が表情に表出されるので、顔を見れば、元気なのか落ちこんでいるのか、つかむことができます。よく泣き、よく怒り、よく笑う子は、成長とともに耐性、がまんする力も育つわけです。

ところが、耐性は、解離する能力と誤解されている面があります。つまり、つらいことがあっても表情に出さず、つらいと感じないでいる姿をみせる子どもが、耐性のある子、がまんづよい子と、誤解されている傾向があります。このような誤解が、ネガティヴな感情の社会化をはばみ、脆弱性を育ててしまいます。このような防衛の仕方を身につけている子どもは、日々の集団生活の中でもそのような反応をします。いじわるされても、つらいと感じない、へらへらしているので、もっといじわるされたりします。いじめにあって、学校に行きたくないのに、行きたくないという気持ちを出すと、親に叱られるという関係にあるとき、子どもは行きたくないという気持ちをないことにして、淡々と学校に通いつづけます。そのような子どもは、あたかも、がまん強いようですが、それは本当の意味での耐性ではなく、解離することによって、一時的にネガティヴな感情を封じ込めているにすぎないのです。

このようにネガティヴな感情が社会化されない状況の中で育ってきている「よい子」にとって、「いじめられ」が容易にトラウマになることは、先に述べたとおりです。トラウマになるということは、そのときに封じ込められたエネルギーとしての感情が、なんらかの刺激を引き金にして、フラッシュバックする状態になるということです。怒りをコントロールできない子どもの中には、このフラッシュバックが起こっていることによって、きれている子どもがいます。「きれる」引き金になる刺激は、教師からみると「ささいなこと」であっても、子どもの体験している世界の中では、過去の激しい情動を引き出してくる大きな意味をもつ刺激であるのです。このようなとき、きれている間の記憶がとぎれていることがあります。

小五男子　主訴：突然きれる

「『でぶ』って聞こえてきたんだよ。ぼくのこと言ってるんじゃないって、一生懸命自分に言い聞かせていたけど、真っ白になっちゃって、あとは覚えてないんだ。先生には『覚えてないわけないでしょう！』って言われたけど、よくわかんない。椅子をなげちゃったらしいんだよね」

ある子どもは「笑い声」が聞こえてくると、突然怒り始め、授業を妨害していました。低学年のときにばかにされ笑われていたつらい記憶がフラッシュバックしていたのです。ある子どもは「目」に反応しました。自分を否定している「目」を感じるといいます。子どもたちはきわめて繊細で、繊細ゆえに傷つきやすく、生き延びるための防衛によってあとでしっぺ返しを受けているのです。子どもは「わがまま」であばれているのではなく、得体の知れないネガティヴな感情が身体の中を駆け抜けて、苦しくて仕方がないのです。

5　思春期の危機

これまで述べてきたように、小学校年齢のうちに、それまでに社会化されてこなかったネガティヴな感情を暴発させる子どもは、小学校で「問題児」として認識されることになり、逆にそれは援助をうけるチャンスともなります。しかしながら、同じようにネガティヴな感情が社会化されず、さらにトラウマとなるようなつらい体験を重ねながらも、小学校年齢のうちには、適応して問題のない子どもとみなされて育ってくる子どももいます（図3）。むしろそのほうが、割合としては多いといえるでしょう。小学校年齢のうちに、

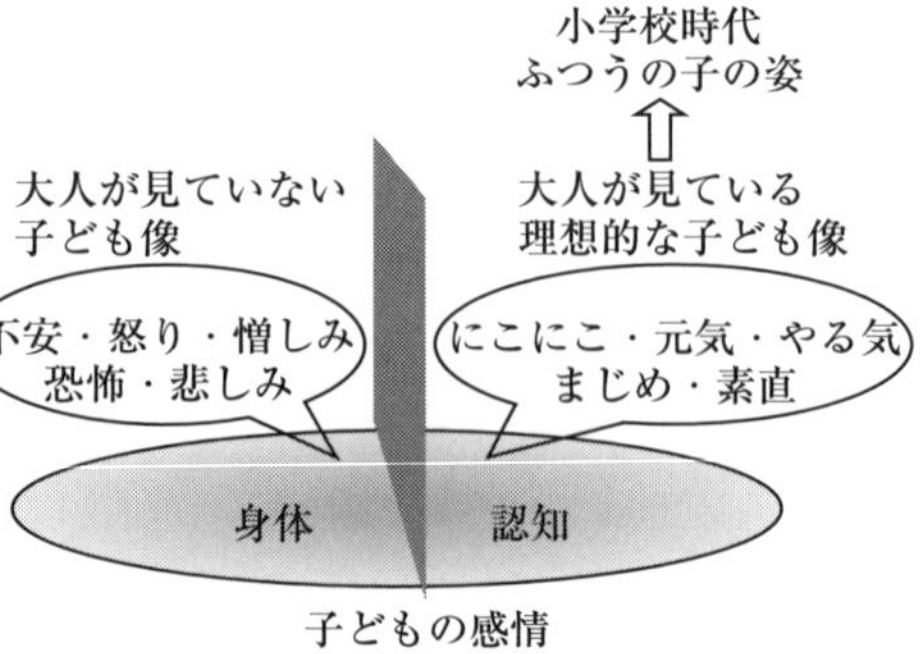

図3　解離して適応している感情のイメージ

反乱している子どもは、ネガティヴな感情を暴発させることによって、大人の対応の仕方に変更をせまるわけですから「生きる力」のある子どもだということもできます。実際のところ、子どもにとって、「問題行動や症状」は常にSOSのサインであり、大人がそのサインをキャッチすることができれば、子どもの育ちが保障されるシステムに育ちのシステムは変更可能になるわけです。

ところが、ネガティヴな感情が社会化されないようなコミュニケーションスタイルの中で、子どもが育ちつづけ、その健全とはいえない関係性の中に適応してくるということは、子ども自身のゆがみを大きくしてくるということを意味してしまいます。

思春期の年齢になると、身体の成長という点でも大きな変化が起こりますし、昔から「自我の確立」の

時期として疾風怒涛の時代といわれてきました。「自我の確立」とは、自分の感情で生きようとし始めること、と考えるとわかりやすいと思います。小学校のうちは、親や信頼できる大人の感情にしたがって生きていました。大人になるということは、自分の感情で生きるということです。思春期の年齢になると、多くの子どもたちは自然に、成長発達する力に促されて自分の感情を模索し始めます。すると、図4（次頁）で示すように、小学校までは安定して作られていた壁がぐらぐらとゆらぎはじめます。それまで自分にも見えていなかったどろどろとした暗い世界が、自分の中にあることに気づいてきます。その発見はとてもおそろしいことだと、子どもたちの体験は語ります。子どもたちは「怒ってはいけない」「悲しんではいけない」「いつもにこにこしていなければいけない」と教えられているので、思春期になって、自分の身体の中を流れるネガティヴなエネルギーにふれたとき、それをないことにしようとして、ますます混乱します。

中二男子　主訴：死にたい

「ぼくは、ずっと自分が悪いから、しつけてくれているんだと思ってきた。でもぼくは知ってしまった。あれは『しつけ』じゃなくて、ニュースに出てくるのと同じ『児童虐待』なんだ。親を殺したくなってしまう。ぼくは異常。ぼくは『エイリアン』。だから、みんなとはちがう、もうふつうではない。だから生きている資格がない。死ななくちゃいけない」

「誰にでも『エイリアン』はいるんだよ。それは『怒り』っていうものなんだよ。『怒り』も大切な気持ち。誰でももっている大切な気持ちなんだよ」

「え？・？・？……そうなの？　そんなこと、知らなかった。だって誰も教えてくれなかったもの!!!」

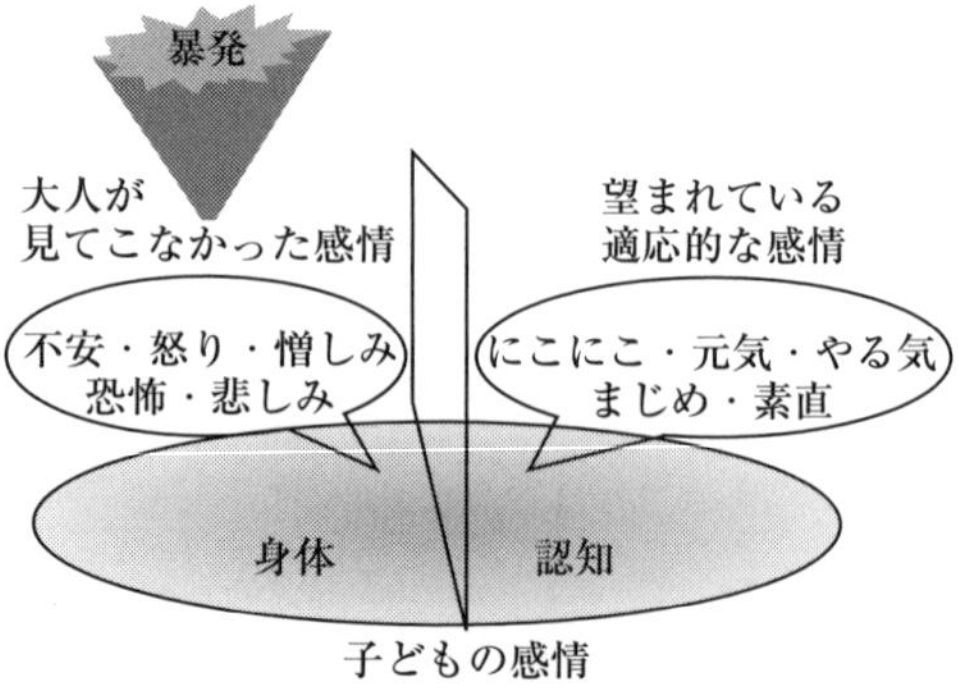

図4　思春期の怒りの暴発のイメージ

それまで解離させて適応してきていた、ネガティヴな感情が、思春期の発達段階の中で、成長のベクトルに突き動かされて、統合へ動くとき、子どもたちは、自分のネガティヴな感情の嵐と格闘することになります。ネガティヴな感情が、直接的な怒りとして、他者に向けられ、攻撃性として発散される場合もあれば、自分自身へ向かう場合もあります（図４）。

その典型例が、ふだんはにこにこと明るい顔で、一人になるとリストカットする中学生などの問題です。学校での適応もよく、テストや部活や塾などなんでも「がんばる」子どもで、元気にはきはきしている子どもが、夜になるとわきあがってくるネガティヴな感情に圧倒されて、手を切り、血をながめ、安心するといいます。身体と認知との解離という現象が、大変象徴的にあらわれている思春期の問題です。保健室で、リストカットの手当てをしていても、あまりにも学校での適応が良好であり、明るく話をするために、心理的に危機状態にあると認識されないこともあります。

また、社会化されていないネガティヴなエネルギーが、他者への陰湿な攻撃として「脅迫状」などの水面下での「いじめ」になっている場合もあります。持ち物をカッターで切ったり、くつにカッターの刃を忍ばせたり、非難中傷のことばを脅迫状にしていれたり、インターネットで嫌がらせをするなど、といった問題を生みだします。これらに対して、叱責による生徒指導を行っても、大人向けのよい子の答えをされるだけで、本質的な問題解決にはならず、むしろ社会化されていないネガティヴなエネルギーを増加させ、問題が増幅されることになってしまいます。また、ネガティヴな感情を受け入れてくれる存在である異性との性的関係などに極度に依存（嗜癖）が生じたり、万引きなどのスリルを求めてネガティヴな感情を処理しようとすることもあります。

小六男子　主訴：いじめる

「だって、あいつの顔見るとむかつくんだよ。おれにむかつかせるのはあいつが悪いでしょ。だから、あいつはおれにやられても仕方ないの。おれは正しいことをしてるってわけ。あいつは『ぐず』だから」

「その子の顔を見ると、君の身体はどういうふうになるの？」

「この胸のあたりがねー、むかむかして、首しめられてるみたいになる」

「そうかぁ……胸がむかむかして、首しめられているみたいになるんだぁ……そういうのと同じになるのは、他にはどんなときにある？」

「……おやじ、おやじが、おれを『ぐず』って殴る……」

「そうかぁ、『ぐず』って殴られるのね……それでとても苦しかったのね、そうだったのね……悲しかったね……」

「（涙ぐむ）……」

いじめにあっている子どもが、平然と登校を続けていて、突然に自殺をこころみるというような場合も、同様のことが起こっています。陰湿にいじめられていながらも、登校できているということは、つらい気持ちを解離させているわけで、その間に誰にも言えずに溜め込んでいるネガティヴな感情は、混沌としたエネルギーのままです。それがふとした瞬間に、暴発したら、自らの命をたつというエネルギーとして自らに攻撃性が向くのです。そのような悲しい出来事の報道において、「きのうまでふつうでした」と語られるのは、子どもたちが非言語的に感情を表出できない状態に陥っていることを表しています。つらいときにつらい顔をできる子どもには、救いの手ものびます。つらくても、つらい顔をせずに、がんばっている子どもは、一見耐性がありそうで、深刻な脆弱性を抱えさせられているのです。

中二男子の母　主訴：いじめによる自殺企図

「今では子どもが学校から帰ってきたときの顔をみると、きょうは楽しかったのか、いやなことがあったのか、わかるようになりました。だから、自信がもてるようになりました。以前は、毎日ごくふつうの顔をしていたので、まさか学校でいじめにあっているなどと想像もできませんでした。今では、不機嫌に反抗したり、楽しそうだったり、感情が家で出るようになったので、つらそうなときには休ませるし、そういう判断が自然にできるようになりました」

このような感情の発達の状態にある子どもたちが、感情を統合していくということは、つらさに身悶えし、怒りにふるえ、悲しみに泣くという身体性をともなった苦痛を抱えるということを意味しています。それはつらい仕事です。ですから、そのつらさを抱えていくことを支えていく大人が必要なのです。大人の役割はそこにあります。それはとりもなおさず、私たち援助する立場にある大人が、その苦悩を引き受ける覚悟をするということでもあります。

中二女子　主訴：リストカット

「先生（カウンセラー）のせいで、切れなくなっちゃったじゃない！　前は、いやなことがあったら、手を切ればすっきりしていたのに、このごろ、痛くて、怖くなっちゃって、切れない！　切れないから、いやな気持ちがそのままで、解決しない。カウンセリングなんか受けなければよかった。もっともっとつらくなっちゃったじゃない!!　手を切れたほうが便利だったのに……」

思春期の早期に、このようにサインを出すことができ、そして援助を受け入れることができた子どもたちもまた、「生きる力」のある子どもたちです。無意識ながら、子どもがサインを出せるということは、子どもの期待に応えて変化することのできる親の力があってのことなのです。親に変化の可能性を期待できない状況（時代背景も含めて）にある場合には、子どもは自分の危機のサインを出したりしません。親の世代においては、多くの人が子どものときに、サインを出すことなく、そのまま大人になっています。

6　大人になってからの危機

思春期の間も、大人の期待に応えて適応をつづけて、ネガティヴな感情をできるだけ感じないようにして、そのまま大人になっていくことも、実はとても多いことなのです。それは、子育てに苦労する親たちの相談を通して、実感させられます。

図3（44頁）のような身体と認知との間に壁ができているような感情の状態のまま大人になるということ

とは、それはその人なりの適応のパターンとして、サバイバルスキル（生きていくための対処法）として身についているということを意味しています。ある意味、適応している人とは、多かれ少なかれ、こういう構造を持っているからこそ適応できているともいえるわけです。ですからその人が一人の大人としてのみ、生きていくとしたら、そのままその適応は維持されていくかもしれません。

ところが、子どもを生み育てるということになったときに、一人で生きていくための適応の仕方では通用しないということが起こってくるのです。出産という仕事は、自分の身体の中で命が育ち、子どもとしてこの世に誕生するという、私たちの小賢しいはからいを超えた、身体的な出来事です。そのような出産というプロセスの中で、私たちの過去の記憶はひらきやすくなり、それまで触れないでこられたネガティヴな感情が、子どもという刺激によってあふれやすくなってきます。

子育て不安

「私は子どもを生むまでは、まったく何も問題なかったんですよ。気持ちの上でそんなに混乱することもなかったし、とても強くて、しっかりしていると言われてきたし、自分でもそう思っていたんです。主人との関係にしても、どちらかというと、姉さん女房的だったんです。でも、この子が生まれてから、なんか、調子がくるっちゃって、私、泣いてばっかりいるようになりました。子どもが泣くと、どうすればいいのかわかんないんですよ。『だまりなさい』って言ってもだまらないし、私は自分は『泣いちゃいけない』って思えば、泣かないでいられたのに、この子は『泣いちゃいけない』って、言っても、泣き止まないで、もっと泣くんですよ。だから、どうしていいかわからなくなって、たたいてしまうんです。それで、また自己嫌悪に陥って、泣いている毎日です。主人にもお前はもっとしっかりしていると思っていたなんて言われて、本当に自信がなくなってしまいました」

子どもは自分とは別の存在でありながらも、幼少期のうちは、母親と感情のレベルではほとんどいっしょという共生状態にあります。共生状態にあることによって、親は子どもの目で見えるように見え、耳で聞こえるように聞こえ、子どもの身体の痛みは自分の身体の痛みとして感じ、そして、その感覚の鋭敏さによって、子どもを危険から守ることができるわけです。そのような共生状態にあるときに、親自身がそれまで触れないで壁の向こうに追いやってきていたネガティヴな感情が、子どものネガティヴな感情とシンクロするわけです。一人で生きていたときには、感じないでいられた、不安や怒りや悲しみが、子どもの刺激によって、引き出されてきます。これは、ある意味、鯨岡（一九九七）の言うところの「成り込み」でもあります。ところが、「成り込む」ことによって、親自身の不安が強烈にひっぱりだされるときに、子育てが困難になってきてしまいます。

次にあげる三つの会話のパターンから、親が子どものネガティヴな感情に直面したときに、どのように反応するかを考えてみましょう。

三歳の子どもと母の会話

犬に近寄って、急にワンワンワンと勢いよく吠え立てられた。

その１　「ギャーーーー、ウェーンーーーー」

「だから近づくなって、いつも言っているでしょう‼」

「ギャギャギャーーーーーー、ギャー、ウェーンーーーー」

その2　「ギャーーーー、ウェーンーーーー」

（犬の飼い主に苦情を言う）

「もうやられないから、泣きやんでね」

その3　「ギャーーーー、ウェーンーーーー」

「こわかったねぇ、こわかった。おー、びっくりした」

「ウェーン……シックシック……」


急に犬に吠え立てられて、おびえてパニックになり泣き叫んでいる子どもを見ると、そのとき、母の感情も同時に大きく揺れうごきます。共生関係にあり、子どもと同じようにものを感じるわけですから、子どもが泣き叫ぶと母の心の中も、かき乱されます。そのときに、親が自分の中からあふれてくるネガティヴな感情〈子どもがこわい思いをしてかわいそうと思う、その思いは子どもを愛しているがゆえに親にとっては苦しいものになる〉に耐えられずに、そういう思いがそもそも起こらないようになぜできなかったのかという怒りで対応してしまうのが、その1の「だから近づくなって、いつも言っているでしょう‼」です。このような対応のパターンをしがちな場合は、叱りすぎる傾向が強くなります。叱りすぎるのは、他者からみて「よい子」であることを願う場合だけでなく、このように、子どもが感じている苦痛に親が「成り込み」シンクロするときに、親自身がその苦痛に耐えられないためという場合もあります。

その2も同様に、子どもが泣いている姿を見て、その状態を持ちこたえられないのですが、それを解消するためにその原因をつくったと思われる犬の飼い主のほうへ苦情を言うという形で、安全を確保しようとする例です。そして、子どもが泣かなくてよい状況をつくったうえで、とにかく、泣き止ませることだけを考えてしまう対応です。このような対応のパターンは、親の前で「よい子」であることを願う場合に起こりやすく、とにかく自分に不安を引き起こさないようにさまざまな努力をします。多くの場合は、他者に変更を求めるという問題対処をすることになります。幾分他罰的になりがちで、「いまどきの親は」とひんしゅくをかいがちな反応ですが、根本は、子どものネガティヴな感情に向き合うことが耐えがたいがために、このような対応が起こっているのです。

その1もその2も、いずれも、子どもが泣かないでにこにこすることを早急に求めている対応です。その3は、親が子どものネガティヴな感情を自分のことのように感じて、それに持ちこたえて、向き合っている対応で、適切な「成り込み」と「巻き込み」であるといえるでしょう。このような対応ができるためには、親の中にわきあがってくる親自身が感じるネガティヴな感情に、親が持ちこたえることができるということが必要だということなのです。

つまり、図3（44頁）のようなネガティヴな感情が社会化されないで適応してきたような感情の状態のまま、大人になっている場合には、このように子育てにおいてネガティヴな感情が喚起される状況に、対応することが困難になってしまうのです。子育てにおいては、ネガティヴな感情が喚起される場面が、あまりにも日常的にあふれています。子どもが病気やけがなどをした場合もそうですし、親の理想どおりに子どもが動かないという日常生活

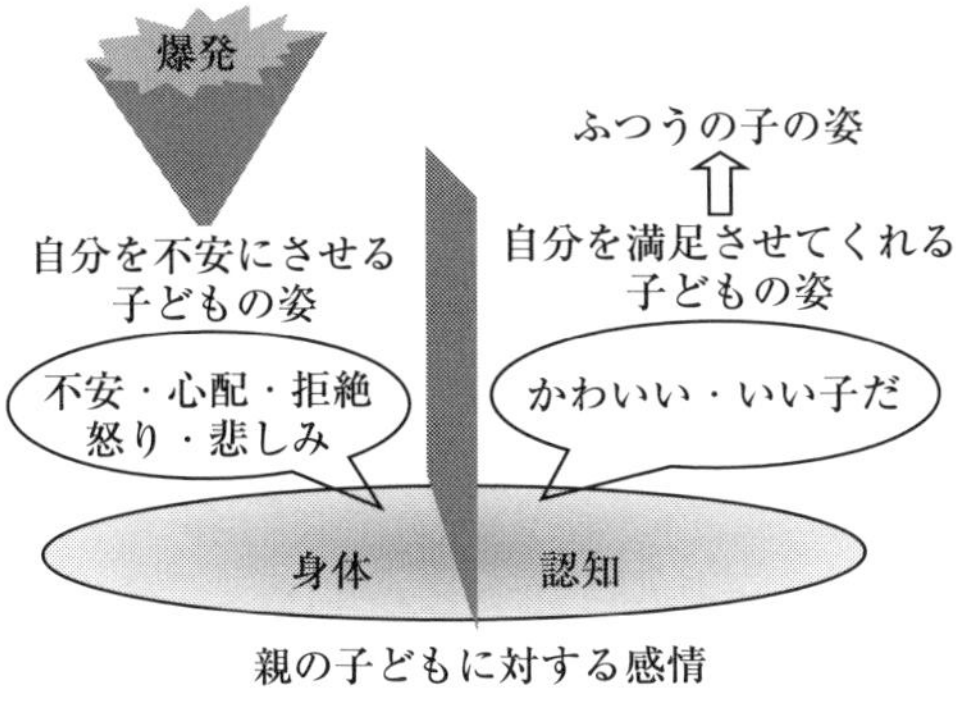

図5　叱りすぎる親の感情のイメージ

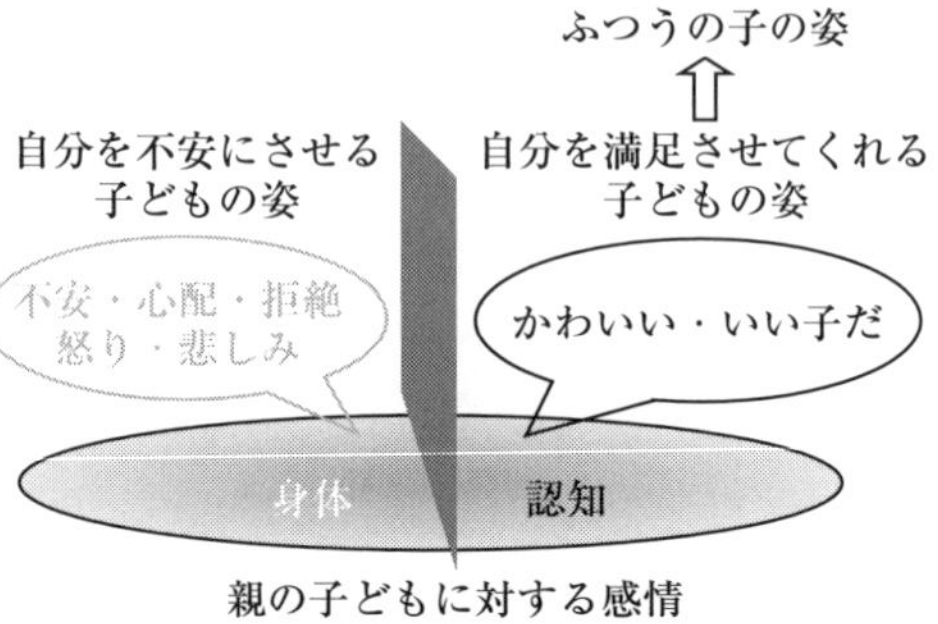

図6　親の前で「よい子」であることを願う親の感情のイメージ

の中で、常に親は子どもを育てる上での不安にさらされています。その不安があまりに大きくて、親が耐えがたくなったときに、親自身がきれてしまうと、虐待的関係に陥ってしまうことになります。その様子はイメージ化すると、図5（前頁）のようになります。

親の前で「よい子」でいることを願うタイプの場合は、自分を不安にするような子どもの行動はそもそも認識されないということが起こり、親の目にはよい子の部分しか認識されないでいるということが起こります。イメージ化すると、図6のようになります。

このように、親自身がネガティヴな感情を安全なものとして抱えることができないということが、子育てを困難なものにし、子どものネガティヴな感情の社会化を阻んでしまうという、世代を超えた循環現象なのだということを認識することは、子どもを援助していく立場にある人にとっては大事なことです。親が問題だという直線的な理解では、誰も救われません。問題は循環しているのであって、誰もが苦しんでいるのだという視点から、いま、私たち援助者にできること、それを考えていくということが、本書でお伝えしたいことなのです。

7　感情を育てるために必要なこと

子どもたちの感情の発達が困難になっていることについての、私の仮説はこれまで述べてきたとおりです。確かに、これは親子のコミュニケーションという側面から見た、一つの仮説です。しかし、この仮説には、次のようなメリットがあります。それは、どうすれば、感情が育ちなおすことができるのかを教えてくれているからです。原理は簡単です。

子どもが「自分のネガティヴな感情は大人に愛されない」と感じているから、親に愛されるためにネガティヴな感情を解離させてしまい、そのためにことばと結びつくチャンスを失い、社会化されない。社会化されていないネガティヴな感情は混沌としたエネルギーとして、暴発したときに、問題行動となる。私の仮説は、こういうことなのです。このことを改善するためには、子どもが「自分のネガティヴな感情は大人に大事にされる」と感じられるようにすればよい、ということになります。イメージ化すると、図7のようになります。

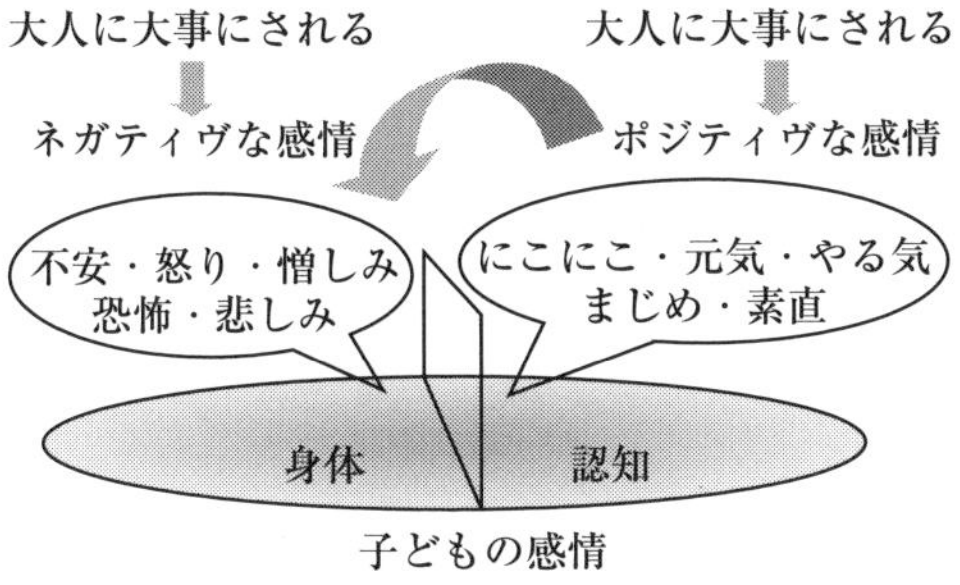

図7　感情の統合のイメージ

ネガティヴな感情とポジティヴな感情が同じ比重で大切なものであると扱われることによって、この二つの感情を隔ててしまう壁は低くなり、身体と認知（言語）の領域がつながりをもつようになります。そのような状態にある子どもは、不快なときにはおのずと不快な顔（表情や目のいろ）をし、楽しいときには輝く顔をするという、身体からでる非言語的表出と感情が一致するという状態になります。そして、道徳で習ったことなどについての認知の領域の情報が、身体からあふれてくるエネルギーとのバランスをとり、感情をコントロールするということもできるようになるわけです。

大人の場合、たとえば、上司に怒りを感じていても、社会的に不利にならないように、適応的な行動をとるということができます。そして、親しい友人とお酒を飲んで怒りを発散して、バランスをとっているわけです。このような適応行動をとることができるのは、上司に「怒り」をもっている自分を受け入れているからです。つまり、自分に対して「怒り」も正当な大事な感情だと認めてあげているわけです。だから「怒り」は社会化されており、安全な形で発散されるのです。ところが、私たちが、子どもに求めているのは、そもそも「怒り」を持つなということになります。大人でも、「上司に怒りを感じるなんてもってのほか」と頭で自分自身に思わせようとし、身体からあふれてくる怒りとぶつかり合ったら、精神のバランスをくずしてしまうことでしょう。ネガティヴな感情も大事な感情である、ということを受け入れることこそが、ネガティヴな感情の暴走を防ぐわけです。

8 「しつけ」の誤解

さて、このように、どうしたら感情が育つのかということに対する答えは、シンプルなものです。ところが、一生懸命に子どもを育てようとしている大人は、ここで大きな疑問にぶつかるのです。

「ネガティヴな感情を大事にしたら、それはあまやかし、わがままになるのではないの？　しつけはどうするの？」という疑問です。

「しつけ」が大事なのは、当然のことです。「しつけ」は、子どもを守るためにあるものです。しかし、「しつけ」とはどういうものかについて、実はあまりあきらかではないように思います。多くの人が、「しつけ＝叱ること」と認識していることでしょう。そのために、虐待としつけが紙一重になっている現状があります。

たとえば、崖っぷちで子どもたちが鬼ごっこをして遊んでいるとしましょう。崖に柵がなければ、子どもたちが落ちてしまうかもしれないので、保護するためには柵が必要です。この柵を設置するのは大人の役割です。これが「しつけ」の枠の部分にあたります。

子どもが、この柵を乗り越えて遊びたいと言ったときに、どうするでしょうか？ 「そっちはあぶないからダメよ」と禁止します。問題はそのあとです。子どもは「いやだー、むこうで遊びたい！ ママなんかきらい！」とわめくかもしれません。そこでどう振る舞うか、というところが大事なところです。

①「柵のむこうで遊びたいと言うなんて、わがままだわ。こんなこと言わないように厳しく叱らなくちゃ」と柵のむこうに行きたい気持ちごと悪いことだと叱る。

②「わかったわかった、もう泣かないでね。じゃあ、柵を一ｍむこうにずらしてあげるね」と妥協して、子どもを泣き止ませ、親自身が安心する。

③「柵のむこうで遊びたかったのね、残念、残念。がっかりだね」と言いながら、「柵のむこうは行かれないよ」と静かに伝え、子どもが自分の力で泣き止むまで泣かせておく。そして泣き止んだときに「よくがまんできたね」とほめる。

①の対応は、子どものネガティヴな感情の存在を否定する対応ですが、一般的にはしつけとは、このように理解されています。②の対応は、子どもとの葛藤に耐えられない場合に一般的にとられる妥協策で、一見民主的な親子関係に見えますが、子どものことよりも自分の不快感を収めることを重視しているかかわりです。③の対応は、子どものネガティヴな感情を大事にしながら、しつけの枠をくずさない対応です。本当のしつけとは、枠をまげないでいられる落ち着きのある安定した強さと、子どものぐずぐずをよしよしできるゆとりのあるやさしさで、成り立っています。つまり「しつけ」とは安定した大人が子ども

を愛することなのです。本書で主張している、ネガティヴな感情の社会化とは、③に示したような「しつけ」を意味しています。

このたとえを、「小学六年生の娘に、夜に友だち同士で渋谷に行きたい」と言われた場合に即して考えていただけると、より具体的になると思います。渋谷には危険がいっぱいです。でも子どもたちは行きたい。だめということを通せば、子どもから暴言を吐かれてなじられる。そこで、親は揺れます。最近はそこで「夜九時までには帰ってくるのよ」「携帯電話で連絡するのよ」というように、枠をゆるめて妥協する②の対応を選択する場合が多いので、親はきちんとしつけていないと批判されます。しかし、①のように叱りつけたところで、子どもはネガティヴな感情を表に出さなくなるだけのことです。③のように対応することは、親にとってとても力がいります。親に禁止されて不快な気持ちになっていることは認めながらも、外出させないという枠組みは守るかかわり。しかし、そのようなかかわりによって、長期的には、子どもは自分が守られ愛されていることを感じ、大人になることができるのです。

ネガティヴな感情を承認するためには、子どもが枠組みにぶつかってネガティヴな感情を経験しないと、そのチャンスも起こりません。②のように親が枠組みそのものをずらすことで、子どもを泣かせないようにしてしまうと、子どもがネガティヴな感情をきちんと経験するチャンスがなくなってしまいます。本当の意味の過保護とはそういうことを意味しています。子どもにネガティヴな感情を体験させないようにさせないようにと気を配っていると、子どもは、自我の礎を築くチャンスを失い、葛藤もせず、悩みもせず、なんとなく空虚なまま刹那的に生きているという状況になってしまいます。

つまり、ネガティヴな感情の社会化とは、なんでも受容するとか、わがままを認めるとかというものではなく、親にとっても子どもにとっても、とても厳しいものであるということがおわかりいただけると思います。要するに、大切なのは、私たち大人が、子どものネガティヴな感情に、静かに向き合えるやさしい強さ、つまり「大人性」が求められているということなのでしょう。

9 「(よい) 心の教育」の落とし穴

学校教育の中では、「心の教育」が唱えられ、子どもたちの心を育てる試みがなされています。「心の教育」という表現には、「(よい) 心の教育」という意味が含まれています。当然のことですが、「(悪い) 心の教育」は存在しないからです。これまで述べてきたように、子どもたちに思いやりの心を育てるためには、まず、子どもたち一人一人の基本的な感情が社会化されること、特にネガティヴな感情が社会化されることが大事なのです。ですから、本当の意味での「心の教育」のためには、子どもたちのポジティヴな (よい) 感情もネガティヴな (悪い) 感情も両方ともを大事にすることが教育の中でどのようにサポートできるか、ということになってくるでしょう。このことがしっかり認識されていないと、「(よい) 心の教育」が、子どもたちの表面的な適応のみを促進することになりかねないという危険をはらむわけです (図８)。

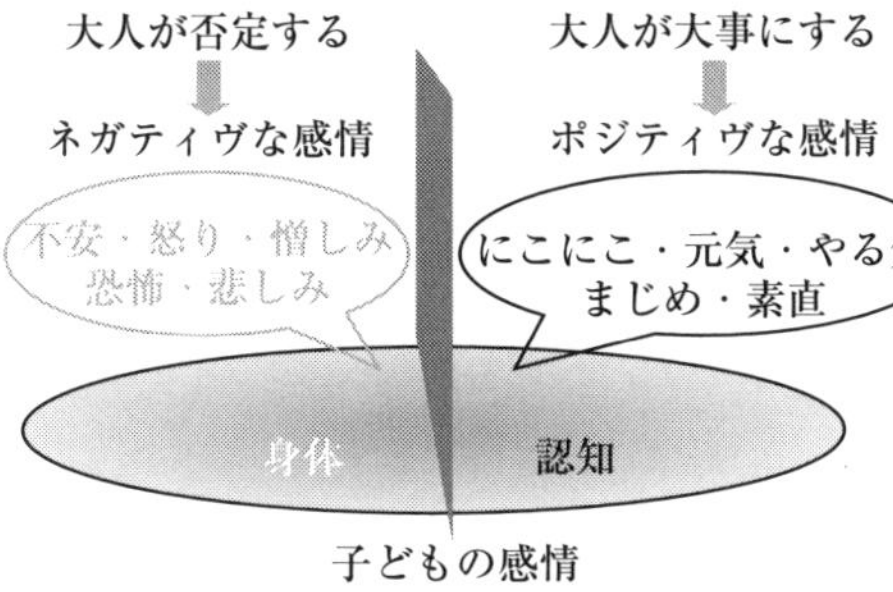

図８ 「(よい) 心の教育」の落とし穴

ポジティヴな感情のみに価値がおかれる教室

ある授業の風景です。

小学校四年生のクラス。「心の教育」の一環として仲間と協力するという体験学習が行われていました。四〜五人グループで、廊下にはってある絵を一人ずつ順番に見てきて、画用紙に書き写すという課題でした。一人ずつが、見てきたものを書き、全員でひとつの絵を協力して仕上げるのです。子どもたちは机と椅子を取り払った自由な雰囲気の教室で、床にすわって楽しそうに取り組みはじめました。あるグループで男子数人がけんかをはじめました。リーダー役の女子がけんかを制しますが、収まりません。気持ちが荒れている男子は、いたずら書きをしたり、まじめに取り組みません。リーダー役の女子は、いらいらしながら、一人で一生懸命取り組みました。時間がきて、全員の前で発表の時間になりました。あきらかにこのグループは他のグループに比べて、未完成の状態でした。他のグループのリーダーは、楽しそうに感想をのべ、口々に「みんなで協力してやれてよかったです」と発表しました。けんかをしていたグループのリーダーもやはりみんなと同じように「みんなで協力してやれてよかったです」と発表し、授業は終了しました。けんかをしていた男子は気まずそうな顔をしていましたが、この授業はみんなで協力してやれた授業として終了しました。

このリーダーの子の心の中ではなにが起こっていたのでしょうか？　作業の最中には、いらいらして、あせって、悲しんでいました。そして、ちゃんと取り組んでくれない男子に怒っていました。この子は「男子がけんかばかりして、協力してくれなくて、私はとても悲しくていやでした」となぜ言えなかったのでしょうか？　ネガティヴな感情を大切にするとは、この子の悲しい思い、くやしい思い、腹立たしい思いも、大事な感想であり、大事なふりかえりであるということです。「心の教育」のための体験学習が、本当に子どもたちの心を育てるためには、体験から生み出されてくるポジティヴな感情だけではなく、むしろネガティヴな感情を大切にする機会として生かすということが必要です。そのネガティヴな感情を承認したからといって、子どもたちは、わがままになるわけではないのです。個の基本的感情がきちんと社会化されていくこと、それが、集団の中での思いやりを生むための条件となることは、先に述べたとおりです。

「うそをつく」「いやなことがあるとすぐ逃げる」「ごめんなさいが言えない」というような子どもは、学校教育の中では叱責の対象とされます。しかし、なぜそうなるのかということを考えると、子どもを育てるために何が必要かということが見えてきます。ネガティヴな感情が社会化されていない子どもは、自分に非があるような場面では、うそをつき、言い訳をし、逃げることばかりを考え、絶対にごめんなさいを言いません。なぜなら、そのような場面では身体の中からとてつもなく不安なネガティヴなエネルギーがあふれてきているからです。それはきわめて不快なので、少しでも早くそのような状況を回避しようとすることだけを考えて、認知をめぐらし、身体の不快を回避できるようにうそをつき、へりくつで言い訳をして、逃げることばかりを考えるのです。素直に「ごめんなさい」を言える子どもは、自分の非を認めても世界は安全だという感覚をもっている子どもです。「ごめんなさい」を言える子に育てるためには、自分自身のネガティヴな感情をきちんと大人に受け止めてもらって育つことこそが必要なのです。叱責のみを繰り返していると、ネガティヴな感情があふれてくれば危険にさらされるという体験をさらに繰り返していることになり、ますますネガティヴな感情は社会化されず、得体の知れない危険なものとして成長してしまうのです。

第Ⅱ部

問題の成り立ちと援助の方法

第4章・第5章では，子どもの「問題」の成り立ちをエコシステミックに見立てる視点を示し，それに基づいて，「怒りをコントロールできない子ども」の問題がどのように増幅されるのかを明らかにし，援助のプロセスを示します。

第4章　子どもの「問題」はどのように成り立っているのか？

1　エコシステミックな見立てモデル

ここでは、一般的に子どもの「心の問題」といわれるものが、どのような構造で成り立っているのかということについて、説明していきます。ここで説明する「問題の成り立ち」は、子どもの「心の問題」といわれる多種多様な問題に共通している構造です。はじめに、幸子の事例を示しながら、子どもの「心の問題の成り立ち」を追っていきたいと思います。

中学校二年生の幸子（仮名）は、スカートを短くし髪を染めてピアスをして学校に来ます。学校では熱心に指導してきましたが、ある日、とうとう教師に暴力をふるってしまいました。

(1)　中学校の教師の物語

担任は「格好をつけてつっぱろうとしているが、根はやさしい子だから非行にはしる前に、なんとか早めに非行の芽をつんでやろう」と幸子のことを見ていました。それで、担任はこれまで何度も学校のルールを説明し、ルール違反は許されないことを一生懸命に伝えてきました。ところが善意で一生懸命にかかわっているのに、幸子は言うことをきこうとしないばかりか、しだいにどんどん反抗的な目つきになり暴言を吐くようになりました。担任にしてみれば、せっかく善意で言ってきかせているのに、そのような態度をとられるようになると、当然腹がたってきます。教師の側にしても、自分の善意の思いが裏切られると傷つきますし、腹もたちます。にらまれて暴言を吐かれると、教師も負けるわけにはいかず、しだいに強い力で叱らざるをえなくなってきました。

担任だけでは手に負えなくなり、生徒指導の先生にも応援をたのみました。両親を呼び出し、家庭でもしっかり指導するようにお願いしました。両親は平謝りで、家庭でもしっかり指導をすることを約束してくれました。

ところが、学校での態度はさらに悪化し、気に入らない授業はボイコットして、非行化している上級生の先輩グループといっしょに教室外で過ごすことも増えてきました。そんなふうに本格的に非行化しないようにと早い時点から幸子に目をかけてきた担任にしてみれば、無力感といらだちを感じる毎日でした。

ある日、幸子が授業をボイコットして教室の外に出ようとしたときに担任が引き止めると「うざいんだよ。ばばあ」と暴言を吐きました。担任はおもわず「あんたみたいなクズは出ていきなさい」と声を荒げてしまいました。突然、目つきの変わった幸子は、担任に飛びかかり殴ってしまったのでした。まわりの子どもたちにひきはなされたときには、放心状態で目は宙をみるような状態でした。担任は、幸子のことを心配してずっとかかわってきたのに、なぜこのようなことになってしまったのか、どのように子どもとかかわればよいのか先が見えない絶望的な気持ちになりました。

(2) 幸子の物語

幸子の苦しみは中学校に入ってから始まったものではありませんでした。

幸子は小学校の五・六年のときに、クラスでいじめにあっていました。いじめられて給食をわざとこぼされたり、自分のプリントだけ配ってもらえなかったり、シカトされて陰口をささやかれていました。五年生のとき、幸子はそんなクラスにいることは針のむしろにいるようで、学校に行くことがとてもつらかったそうです。ところが、朝、おなかが痛くなって学校に行きたくないと訴えると、お父さんは「そんな甘ったれたことを言うな‼」とどなり、幸子を蹴飛ばして登校を促すのでした。いじめられていることを両親に訴えると「いじめられるのは根性がないからだ」と責められ、がんばるように説得されました。そんなことを繰り返しているうちに、幸子は学校に行きたくないという気持ちも起こらないように淡々と暮らすようになっていったようです。

六年生になって、ランドセルを勝手にあけられてノートや教科書に「来るな」「クズ」と書かれるというようないじめに発展していき、耐え切れなくなった幸子は、担任に訴えました。担任は学級会をひらきました。「なぜ、幸子をいじめるのか？」その理由をクラスの子どもたちに問いかけました。クラスの子どもたちは、幸子がいかに自分勝手で協調性がないかについて口々に語りました。担任は子どもたち一人一人の意見を同等に扱ったので、結果として、幸子が三五人の子どもたちから批判を受けるという学級会になってしまいました。書記係の児童は、黒板に「自分勝手」「うそをつく」「勝手に帰ってしまった」「すぐに泣く」「暗い」と子どもたちの発言を書きました。幸子にしてみれば、学級会は地獄でした。学級会は合法的にいじめを再現する場になってしまったのでした。

それ以後、クラスでのいじめはさらにエスカレートしていきました。幸子は大人は誰も信用できないという思いを固め、ただひたすら、耐えて登校し、小学校を卒業しました。

中学校に入学した幸子はバスケット部に入りました。背が高く運動神経の優れている幸子は有力選手として先輩に迎えられました。男子バスケット部の先輩たちからもかわいがられるようになりました。男子バスケ部の先輩の中には、暴走族の先輩とのつながりがあり、非行化する傾向がありました。幸子は受け入れられる世界の中で元気をとりもどし、スカートを短くしたり、ピアスをしたりするようになりました。すると、人気の男子の先輩にかわいがられている幸子は、同学年の中でも排除されることがなくなりました。小学校時代いじめていた子どもたちも、掌を返すように、仲間に入れてくれるようになり、クラスの中でも存在を許されるようになったのでした。

幸子は「非行化している先輩のまねをしていれば、いじめられない」と思ったと、後に振り返りました。先生たちが「バスケ部の先輩たちと付き合うな」「きちんとした制服にしなさい」と一生懸命にかかわってくれても、「みんなと同じに校則どおりの制服にして目だたなくなったら、またいじめられるに決まっている」と思っていたのです。だから先生がたの指導は無視することにしていたのです。

先生に親が呼ばれると、家で父に殴られました。母からは「親に恥をかかせるような子どもはいらない」と言われました。こうして、大人が幸子を非行から守ろうとすればするほど、幸子は居場所を失い、家に帰ることもできなくなっていきました。夜も先輩たちといっしょに外で過ごすことが多くなっていきました。大人はすべて信用できないという思いが固まっていきました。

大人への怒りは、日に日に増していき、反抗することが生きがいのようになっていき、授業をボイコットしては先輩たちとたむろして、自分が存在できる居場所を確保していきました。

そんなある日のこと、担任がおもわず「あんたみたいなクズは出ていきなさい」と声を荒げてしまったとき、怒涛のように怒りのエネルギーが一気にあふれ出し、きれてしまったのです。幸子はそれ以後のことはほとんど覚えていませんでした。「クズ！」「クズ！」「クズ！」ということばが頭の中をぐるぐるまわり、真っ白になってしまったといいます。

幸子は、大変なことをしてしまったことにおどろき、ショックをうけ、延々と泣き続けました。

(3) 成長発達システムと問題増幅システム

図9を見てください。これはエコシステミックな視点から、子どもの「問題」を見立てるモデル図です。「問題」は、「過去の問題」と「現在の問題」という交差する二軸でとらえます。過去の問題、つまり子どもが生まれてから現在に至るまでの「育ち」の問題を、ここでは「成長発達システム」とよびます（図中・中央の円錐）。そして、現在の問題、つまり現在起こっている問題を解決しようとしてかかわる「かかわり方」の問題を、ここでは「問題増幅システム」とよびます（図中・二重の円）。

「成長発達システム」は、子どもが生まれてから現在までの間にさまざまな体験をし、家族・学校（保育園・幼稚園・地域社会を含む）との相互作用の中で内的世界（こころ）が構成されてくるそのプロセスを指しています。いわば「性格」「体質」「器質」と「生い立ち」の領域です。この領域は、子ども個人の問題が含まれ、セラピーの世界ではさまざまな「個人療法」がその治療の対象としてきた領域です。家族システム、学校システムのそれぞれは成長発達システムのサブシステムにあたりますが、これらの子どもが生活する場のシステムにおける相互作用に時間軸を加えたものを総じて「成長発達システム」と名づけています。第Ⅰ部は、この「成長発達システム」の中で起こっていることのうち、特に感情の発達ということに焦点をあてて述べたものです。

子どもには時間とともに成長する＝変化するという無条件の時間の流れが明確に存在します。もちろんそれは大人においても同じことですが、子どもの場合は目に見える形で顕著に時間軸による変化があります。この時間軸による変化に助けられて子どもの成長はうながされていきますので、援助者は時間を味方につける工夫をすると時間に助けられます。

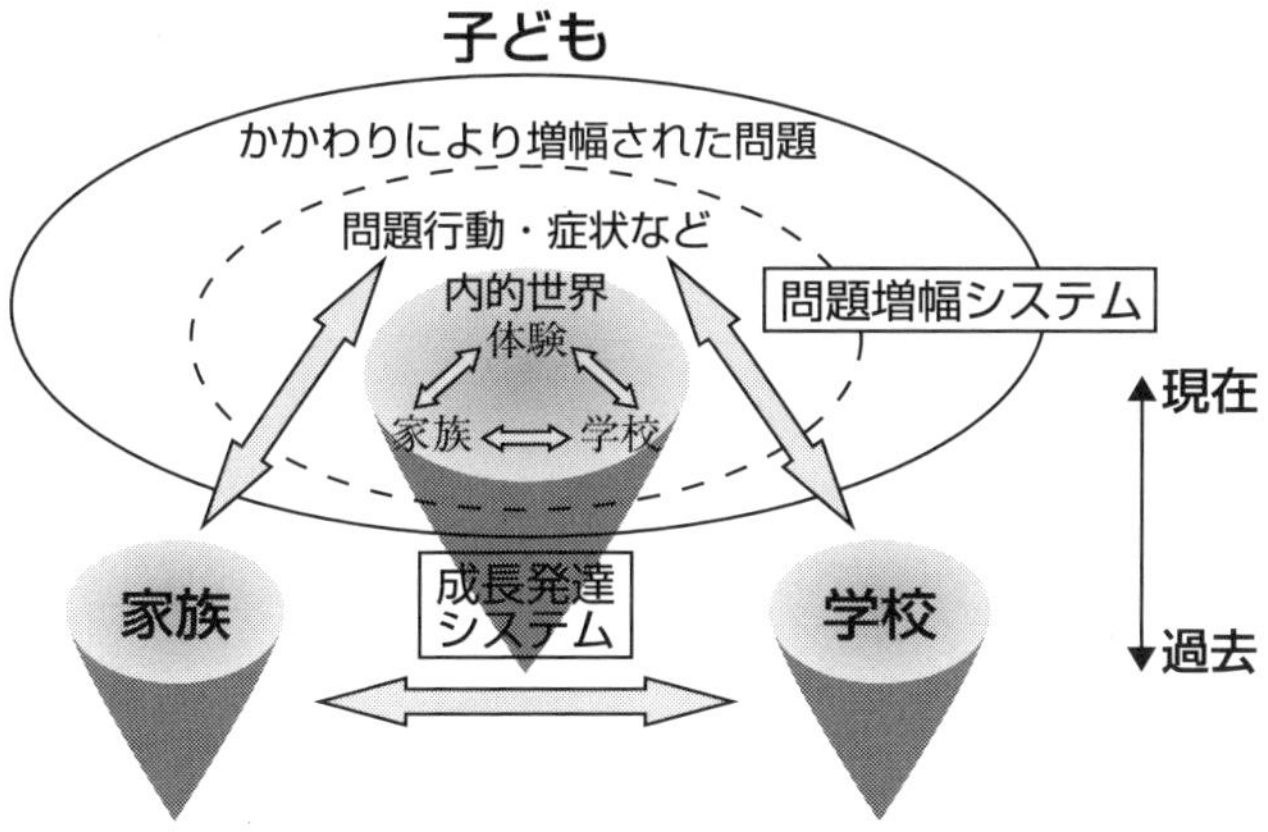

図９　子どもの「問題」の見立て図

エコシステミックな視点からみると、子どもの「問題」は、子ども個人の問題でのみ成立しているのではありません。「現在」という時間軸においては、「問題増幅システム」という視点を加えることができます。

「問題増幅システム」は、現在起こっている問題行動や症状に対して、家族や学校がその問題を解決するためにどのようにかかわっているのか、そのかかわりが問題を増幅させているという視点です。これは関係性にアプローチする「家族療法」の領域で発見されたＭＲＩ短期療法の視点です。

図９は、子どもの「問題」が「成長発達システム」と「問題増幅システム」という二つの異なる次元がらせん状に相互作用して、構成されてくるものであることをモデル化した図です。このモデルは、時間の流れとともに、現在の問題増幅システムが、数年後には成長発達システムに組

み込まれていくという流れをも示しています。ですから、現在の次元で問題増幅システムが改善されることは、これからの子どもの成長発達システムを改善していくことになるということを意味しています。

(4) 幸子の事例をあてはめて考える

図9（前頁）のエコシステミックな見立て図に基づいて、幸子の事例理解を進めていきたいと思います。

【問題行動・症状】

まず、表に見えるものは大人が「問題」だとみなす「問題行動・症状」です。中学校に入学後、「スカートを短くし髪を染めてピアスをして学校にくる」という姿が「問題行動・症状」にあたります。

【問題増幅システム】

大人の目にうつった「問題行動」を解決するために、教師は幸子に「指導」します。担任は何度も学校のルールを説明し、ルール違反は許されないことを一生懸命に伝えました。反抗的な態度をとったときには、より強い力で抑えこみました。学校は家族にも協力をお願いし、両親は幸子を叱り、体罰を行いました。これらのかかわりが、図9の「問題増幅システム」を構成する太い矢印の部分にあたります。そして、残念ながら、その解決努力が問題を増幅していたのです。教師が幸子の非行を止めようとすればするほど、幸子は逆に反抗的になっていきました。

【成長発達システム】

その理由は、幸子の過去から現在のプロセスである成長発達システムを検討すると理解することができます。幸子は五・六年生のときにいじめにあっていました。いじめられて、登校時おなかが痛くなって学校を休みたいと思っても、父親から「そんな甘ったれたことを言うな」と怒鳴られ、蹴飛ばされて登校していたということからすると、親子関係においても、幸子はネガティヴな感情を社会化される機会にめぐまれずに育ってきたことが推測されます。そのような親子のコミュニケーションの中で育っている状態で、長期にわたりいじめられ、それがトラウマになっていたと考えられます。第Ⅰ部で詳しく述べたとおり、いじめられていたにもかかわらず、幸子は怒りや悲しみなどのネガティヴな感情を解離させてなんとか表面的に適応して登校していたわけです。大人への不信感やいじめられることへの恐怖といったネガティヴな感情が誰にも承認されることなく、ネガティヴなエネルギーとして混沌としたまま身体に流れていたのです。

このような状態にある幸子が適応を続けるためには、「スカートを短くし髪を染めてピアスをして学校にくる」ということにより、「いじめられない存在」であることが保障される必要があったのです。だから、教師の善意の指導は残念ながら逆効果になってしまったと考えられます。

担任の「クズ」ということばは、「クズ」と言われていじめられていたときの怒りの記憶をフラッシュバックさせる引き金となり、幸子は一瞬にして解離状態になり、怒りに支配されてしまい、結果として暴力をふるってしまったのです。このフラッシュバックのメカニズムについては、第Ⅰ部で述べたとおりです。

(5) 子どもの「問題」解決のための枠組み

さて、幸子の事例を通して、子どもの「問題」がどのように成り立っているものなのか、ということを説明してきました。このように、子どもの「問題」はつねに過去の「成長発達システム」の中で形成されてきた個の問題と、現在の「問題」を解決しようとしてかかわることによって生じる関係性の問題である「問題増幅システム」という、異なる二つの次元がらせん状にからみあって成立しているものといえます。問題を解決するときの手順としては、まず、問題増幅システムを改善する必要があります。問題増幅システムの改善は、家族や学校への支援という形の中で行われます。子ども本人の内面へのかかわりは、個人療法において行われます。個人療法には、トラウマの治療やＬＤへの支援や、ネガティヴな感情の社会化のための支援、ソーシャルスキルの学習などが含まれます。

図９（69頁）を見ていただくとわかるように、現在の問題増幅システムは、将来の成長発達システムになります。ですから、現在の問題増幅システムを改善するということは、おのずと現時点からは成長発達システムも改善されるということを意味します。そして、改善された問題増幅システムは、その段階で、子どもを育てるためのリソースシステムとして機能するのです。つまり、家族も学校も、かかわりしだいでは、子どもを育て支える重要な資源になるわけであり、エコシステミックな視点から見た治療援助とは、家族や学校がリソースシステムとして機能するように支援することであるといえます。そのためには、幸子の事例を通して示したように、子どもの問題が子ども個人の育ちからくる問題と、現在の問題に対するかかわり方の問題という、交差する二軸によって成り立っているということを理解することが重要です。

２　怒りをコントロールできない小学生の問題の成り立ち

次に、小学校で「きれる」「怒りがコントロールできない」ということで問題になる典型的な事例を、エコシステミックな視点から記述してみます。

「きれる」という言い方は日常的なことばであり、その状況によって、意味しているところはさまざまです。ここでは教師からみて「きれている」「怒りがコントロールできない」と認識され、そのことがクラスの中で著しい問題になっているとみなされた事例を分類してみます。

(1) 成長発達システムにおける個の問題からの分類

子ども個人の問題という観点からは、大きく二つに分類されます。それは子ども個人に心理治療を必要とする問題・症状があるかないかという観点です。

「怒り」の問題を考えるとき、正当な理由による正当な「怒り」というものがあるということをおさえておくことは大変重要です。私が「怒りをコントロールできない子ども」ということで相談を受けた事例のうち、約四分の一くらいの事例は、子どもの正当な「怒り」に対して不適切な対応がなされることで問題が増幅している事例でした（表1、次頁）。子ども自身は、多少「多動」であったり、「かんしゃくもち」であったりしたとしても、それは発達途上の「個性」として受け入れる環境があれば特に問題にならない程度のものであり、そのような「個性」に対して、不当な叱責が加えられることにより、子どもが「怒り」を表出しているという事例です。このように、学校内での不適切な関わりが、子どもに正当な怒りを喚起している事例もあるということを認識しておくことは、きわめて重要です。「怒りをコントロールできない」と観察される子どものすべてが、個の病理を抱えているわけではないのです。ですから、エコシステミックな視点から事例を見立てるということが大変重要になってきます。

子ども個人に心理治療を必要とする症状がある事例を、ＡＤＨＤやアスペルガー症候群などの軽度発達

表1　怒りをコントロールできない子どもの分類

<table>
<tr><td>子ども個人に心理治療を必要としない事例</td><td colspan="3">子どもの正当な「怒り」に対して不適切な対応がなされることで問題が増幅している事例</td><td></td></tr>
<tr><td rowspan="4">子ども個人に心理治療を必要とする症状がある事例</td><td rowspan="2">軽度発達障害あり</td><td colspan="2">障害の特性から怒りのコントロールが困難</td><td></td></tr>
<tr><td rowspan="3">解離状態できれている</td><td>虐待やＤＶやいじめなどの心的外傷体験にさらされて育ってきている場合</td><td></td></tr>
<tr><td rowspan="2">軽度発達障害なし</td><td rowspan="2">年齢不相応な「よい子」として育ってきている場合</td><td>家族の危機的状況の中で「よい子」でいることが無意識的に求められてきたという場合</td></tr>
<tr><td>親が理想の子を強く求めるあまりに「よい子」の側面しか親に見せないように育ってきたという場合</td></tr>
</table>

障害のありなし、解離状態のありなしで分類すると、表１に示したとおりになります。解離状態で怒りがコントロールできない状態に陥っている場合には、きれてパニックになったときの記憶があいまいであったり、顔つきが著しく変化していたりします。解離状態を引き起こす「成長発達システム」上の問題としては、第Ⅰ部で述べたとおり、虐待やＤＶ（夫婦間暴力）やいじめなどの心的外傷体験にさらされて育ってきている場合と、年齢不相応な「よい子」として育ってきている場合に大きく分類されます。年齢不相応な「よい子」とは、家族の危機的状況の中で「よい子」でいることが無意識的に求められてきたという場合と、親が理想の子を強く求めるあま

りに「よい子」の側面しか親に見せないように育ってきたという場合とがあります（表1）。

⑵ 問題増幅システムにおける対応の仕方の問題

家族の中での「問題増幅システム」上の問題として、顕著なのは強い叱責による問題解決努力です。子どもが「きれる（怒りをコントロールできない）」という状態に対しては、叱らなければならないと考えるのが、ごく一般的な対応なのでしょう。私の経験した事例を分類した結果からは（大河原、二〇〇三）、家庭において体罰による叱責が繰り返されていた子どもは、教室できれたときに「他者への暴力」をふるう傾向があったことも特徴的でした。体罰を含まない叱責だけの場合は、きれたときに、暴言や教室から飛び出すなどの行為はあっても、他者へのひどい暴力になる傾向はあまり認められませんでした。

反対に、親がどのように対応してよいかわからず、極度の不安状態に陥り泣いておろおろしてしまい、そのために問題が増幅されているという事例もあります。また、きょうだいがいる場合、きょうだいとの比較において葛藤が生じ、激しい暴力的なきょうだいげんかを叱責されることで、さらに問題が増幅されることも多く見られます。

ここでは、学校における問題増幅システムの典型例を記述し、成長発達システム（子ども個人が抱える問題）と問題増幅システム（関係性の問題）がどのようにからみあって「問題」が生じているのかを示します。

① 子どもの「正当な怒り」を「わがまま」と意味づけていた事例

小三のゆたか（仮名）は、笛が苦手でした。以前、笛が上手にふけなくて、練習不足であることを、音楽専科の教師から厳しく叱られ、笛でたたかれたことがありました。たたかれた額にはこぶができたほどでした。笛のテストがある日に、ゆたかは授業をさぼり、校内に隠れてしまい「ゆたかが行方不明」ということでちょっとした騒ぎになってしまいました。みつかったときに、「笛のテストがいやだった」という理由について、音楽専科の教師から「わがまま」と厳しく叱責されました。このことを機に、ゆたかは音楽専科の教師から注意をうけると、怒りの感情が爆発し椅子をなげて、音楽の授業をボイコットして逃げ回るようになりました。そのような態度を許すわけにはいかないと、多くの教師が必死に追いかけました。運動神経のよいゆたかは、逃げながら高いところに上って教師をひやひやさせるので、ますます、教師は真剣に追いかけました。捕まるとゆたかはパニックになり、担任や教頭にも反抗し暴れるということが繰り返されていました。翌年、担任がかわり、「笛が苦手でいやだった」「一生懸命やろうと思ってもうまくできないのに、音楽専科の先生にたたかれて悲しかった」という気持ちを承認してもらうことができると、その後、問題はおこらず、音楽の時間は、新担任といっしょに笛の練習を始めました。

【問題増幅システム】　ゆたかは音楽専科の教師が、笛がうまくふけないということでたたいたことに対して、怒っていました。これは正当な怒りです。ところが、正当な怒りを承認されず、ゆたかの「わがまま」と意味づけられるので、わけがわからなくなり、教師から追いかけられることが、恐怖に感じられ、混乱していました。新担任がやさしい雰囲気でゆっくりゆたかの感情を承認してあげると、ゆたかは怒りをコントロールできない状態に陥ることはありませんでした。正当な怒りは承認されることで、落ち着くことができるのです。この場合、「正当な怒り」を「わがまま」と意味づけたことが、問題を増幅させていたといえます。

②「乱暴するのは悪いことだと教えれば乱暴がなくなる」と考えられていた事例

小四のたかお（仮名）は幼少期、父から虐待を受け、母はたかおを守るために父と離婚しました。たかおは学校で友だちにばかにされたり、自分が否定されたと感じるような場面になると、突然「きれて」顔つきが変わり、友だちの首をしめたり、なぐり続けたり、三階からとびおりようとしたりしました。担任は「いくら腹がたっても、やっていいことと悪いことがある」ということを、熱心に言ってきかせましたが、毎回、同じことが繰り返されていました。担任は母にそのつど連絡し、母もまた、一生懸命に「乱暴をしてはいけない」ことを言ってきかせていました。たかおは、乱暴をしている間、自分が何をしたかよく覚えていないことを不安に思っていました。自分の意思では、担任や母の言うことを守って、もう二度と乱暴しないと思っているのですが、いつのまにか、またやってしまうのです。

【問題増幅システム】　担任は、たかおの乱暴は「乱暴することは悪いことだ」ということを理解していないことから生じていると考えていました。そのためそのことを繰り返し教えてきました。何回叱られても、同じことを繰り返してしまうたかおは、担任が自分を迷惑だと思っているというその雰囲気をも敏感に察知していました。そしてそれにより、たかおはさらに不安になり、自己否定的になりました。担任が、たかおの自分自身でもコントロールできずに不安に思っている気持ちに寄り添った対応をしていくためには、虐待を受けた子どもの感情の発達について理解を深める必要があるでしょう。この場合「乱暴することは悪いことということをたかおに理解させれば乱暴しなくなるだろう」という常識的な考えが問題を増幅させていたといえます。

③「相談室に行く?」という誘いが「教室からの排除」を意味していた事例

小六のまさき（仮名）は、はいはいを始めたころから、多動なため、母は一時も目をはなすことができませんでした。二歳のころから、公園で出会った子どもと遊具のとりあいになるとすぐにたたいたりかみついたりするために、母はいつも謝ってまわらなければなりませんでした。幼稚園で集団行動がとれないことが問題だと指摘され、父からもお前の責任だと責められた母は、よい子になってほしいという願いから、体罰を加えるようになりました。

父はまさきのことだけでなく、気に入らないことがあると母を殴る人で、家庭では常に暴言を吐いていました。父が家にいるときには母とまさきは互いをかばいあい、父が不在のときには、母がまさきを叱るという関係が続いていました。そのような環境で、おだやかな安全感を感じることができずにこれまで育ってきました。

まさきは、学校にくると友だちのけんかしている声や笑い声に敏感に反応して、カッと顔つきが変わり、いすや机を投げて、ガラスを割ったりすることがありました。また、「死ね」「殺してやる」などの暴言を吐きながら、相手の子どもをなぐり続けたりするということもありました。落ち着くと、しばらくボーッとした表情をしており、自分が何をしたのか、覚えていない状態でした。

まさきは医療機関によるケアも受けており、ＡＤＨＤと診断されていましたので、学校ではできるだけ配慮するようにこころがけてはいましたが、まわりの子どもへの危険を回避するために、まさきが興奮するとすぐに強い男の先生が呼ばれ、力で制止するという方法がとられていました。学校では他の保護者からの苦情の対応に追われ、「この子さえいなければ」という思いが高まっていきました。担任は教室の中でまさきが暴れることに恐怖を感じていたので、少しでもまさきが学習につまずき、いらいらを見せると「相談室に行く?」という声かけをしていました。ところが、まさきはできるだけ相談室には行かないように努力しており、いらいらしながらも、がまんして教室にとどまろうとします。そして、何かささいな友だちの言動をきっかけに爆発する、ということが繰り返されていました。

【問題増幅システム】　学校側はＡＤＨＤという診断のついているまさきに配慮するために、授業中でもいらいらしたら相談室に来てよいという体制を準備していました。ところが、まさきにとっては担任から「相談室に行く?」と声をかけられると、その声かけは「いらいらするような子どもは教室にいてはいけない。教室にいたいのなら、勉強がわからなくてもいらいらしてはいけない。すぐにいらいらする子どもは教室にいると迷惑をかける存在だ」というメッセージに聞こえていたのです。「相談室に行く」という対応が子どもにとって「教室からの排除」という意味あいを持ってしまっているときには、子どもの不安と自己否定感を高めてしまうので、問題は増幅されます。まさきは担任が本音のところで「この子さえいなければ」と感じてしまっていることを察知していました。だからこそ、担任の先生に好かれるようにできるだけがんばって教室にいようと努力していました。しかし、がまんの限界がくると爆発してしまうのでした。まさきは「がまんができない」のではなく、「がまんしすぎ」だったのです。この場合は、相談室という安全な場所を確保するという子どもに対する個別支援の方法はのぞましい対応でありながらも、声をかけられるタイミングのまずさゆえに、それはまさきにとっては「教室から排除される」という意味をもってしまっていたのです。そのため逆に問題が増幅されることになっていたといえるのです。

④ 学校で問題をおこさないよう「家庭でのしつけ」を求めていた事例

小一ののぼる(仮名)が一歳のときに、母は乳がんであることがわかり、手術をしました。幸い五年間再発せず予後は良好との診断を得ましたが、その間、母は病気の心配で抑うつ状態にあり、病気のときにのぼるを抱けなかったことがきっかけになり、その後もあまり抱くことがなかったといいます。夫も、単身赴任になり、母とのぼるふたりの生活が続いていました。母は、のぼるのことで困ったことはまったくなく、どのようにのぼるとかかわってきたか、あまり記憶にありませんでした。のぼるは「手のかからないよい子」になることで不安な顔をしている母をなぐさめ、癒す子どもとしての役割を担ってきたのです。幼稚園ではいじめられたこともありましたが、外の世界でのつらさを親に訴えることもなく、年齢相応の身体からあふれてくる感情（ぐずり、甘え、かんしゃくなど）をいっさい表出することなく育ってきていました。

小学校に入ってから、友だちとのささいなトラブルできれて、顔つきが変わり、怒りがおさまらない状態に支配され、退行し「わがまま」「自分勝手」「がまんができない」といった二〜三歳児の状態像でかんしゃくをおこす「暴君」となりました。学級中をふりまわす「悪い子」となりましたが、家に帰ると落ち着いた「よい子」であるという極端な二面性を示していました。担任は母に「学校で迷惑をかけているので、ご家庭でしっかりしつけてください」と伝えていましたが、のぼるは家庭ではしつけの行き届いた子どもであるため、母は担任に不信感をいだきました。のぼるは授業参観日や行事など保護者の参観のある日は他の子どもと同じように、まったく問題なく過ごすことができました。それゆえに、担任は母と共通認識を得ることができず、学校での様子を理解しようとしない母へいらだちを感じていました。担任はきれたときの暴力の激しさ、顔つきがふつうではないことに怯えを感じ、他の児童に危害を与えないよう、子どもを常に監視し注意叱責を繰り返すことになり、状況はますます、手に負えないものになっていきました。

【問題増幅システム】　このように学校（悪い子）と家（よい子）という異なる顔を示している事例の場合には、二つのモードが使い分けられている状態が継続しているということ自体が問題を増幅させています。学校も母もともに、のぼるの半分の部分しか知らないわけで、半分しか見ていないのは、母ばかりではなく、担任も同様だということから出発することが大事です。母はのぼるの「悪い子」の部分は知りませんが、担任はのぼるの「よい子」の部分を知りません。ですから、このように別々の顔になってしまうことがあるということを踏まえたうえで、保護者と担任との信頼関係を築いていくことがまず必要です。担任が保護者へいらだちを感じてしまうと、保護者との連携が困難になるので、問題が増幅します。保護者に学校での様子を伝えるときには、「きちんと指導してください」や「しつけてください」といった家族で問題を解決してほしいという言いまわしは不適切です。「学校でこんなふうにのぼるくんがつらくなる場面がありましたので、ご家庭ではいかがだったでしょうか？　とても心配していました。のぼるくんが学校で楽しく過ごせるように、お母さんのお力もお借りしながら、私も努力したいと思っておりますので、よろしくお願いします」というように、連絡帳などで伝えることを重ねていくと、母は担任が自分の息子をとても大事に心配してくれているというふうに感じ、自分に見えていないものを見ようとし始めます。

このように怒りをコントロールできない子どもの「問題」は、第Ⅰ部で述べた感情の発達の問題（成長発達システム上の問題）と、現在の問題への解決努力が不本意にも問題を増幅させている関係性の問題（問題増幅システム上の問題）という二つの側面から成り立っているのです。

3　軽度発達障害などをもつ子どもの問題をめぐって

(1)　診断名というラベル

ＬＤ（学習障害）、ＡＤＨＤ（注意欠陥多動性障害）、そしてアスペルガー症候群や高機能自閉症などの高機能広汎性発達障害の子どもたちは、軽度発達障害と呼ばれています。これらの診断名は、時として少年非行との関係でマスコミ報道にあがることがあるためか、「怒りをコントロールできない」ということと深い関係がある「病気・障害」として、認知されるようになってきました。「怒りをコントロールできない」ことに関する診断名としては、「行為障害」「反抗挑戦性障害」などもあります。しかしながら、教育現場では、診断名が安易に流布することでの弊害も多々見られます。

学校においては、「ＡＤＨＤ」「アスペルガー」という診断名のラベルが子どもにつくかどうかは、親が診断を求めて病院に行ったかどうかによるというのが、現実です。親が病院に行くことを拒否している限りにおいては、診断名はつきません。ですから、学校という現場では、診断名がついているかついていないかは、どう対応するかということとあまり関係がないといえるわけです。

また、反対に、虐待やＤＶ（夫婦間暴力）という子どもの感情が解離する環境的要因があったとしても、医師から「ＡＤＨＤ」「アスペルガー」という診断を受けている子どもは、その子どもが示す問題のすべてがその診断名に由来するものと誤解されてしまうようなこともあります。トラウマ研究の領域では、トラウマを受けた人が自己制御を喪失するという形でＰＴＳＤを発症し、注意集中の問題を抱え、興奮したときに行動を制御できず、憤怒・怒り・悲しみなどの感情を制御できなくなることが指摘されています（ヴァンデアコルクら、一九九六）。また、特にトラウマを受けた子どもがＡＤＨＤとＰＴＳＤを高率で合併するという報告があることも述べられています。花田（二〇〇二）も「虐待やいじめの体験によって二次的に注意集中困難や多動・衝動性が出現し、ＤＳＭ―Ⅳで操作的にＡＤＨＤと診断される子どもが増えている」と述べています。子どもは不安になると、多動になる傾向があります。トラウマにさらされた子どももＡＤＨＤの診断基準を満たすような反応をするということについても、学校現場ではきちんと認識される必要があるでしょう。また、虐待的関係の中で育てられ、基本的愛着形成においてつまずきがある子どもの場合は、自閉的防衛によって身を守る反応をすることもあります。安易に教員がアスペルガーという診断名を使うことには慎重であってほしいと思います。

医療における診断名は、医療による介入と投薬が可能になるという点において有効なものですが、学校内では、ときにレッテルとして機能してしまう場合もある「ものの見方」であることに、十分に配慮する必要があります。自分のクラスの子どもが、「ＡＤＨＤ」「アスペルガー」「行為障害」などという診断名がついたとき、教師は、自分には何もできることがないのではないだろうか、どんなにかかわってもこの子の暴力はおさまらないのではないだろうか、と強い不安におそわれ、そもそも普通学級にいることがどうなのだろう、と疑問をもってしまったりすることがあります。しかし、どんな障害や病気をもっている子どもであっても、子どもは子どもとしての感情を抱えているのです。診断名に惑わされて、教師として子どもの感情を育てるという重要な役割を担っていることを忘れてはならないのです。軽度発達障害の子どもも、行為障害の子どもも、健常児と分類されている子どもも、大人とのコミュニケーションを通して感情がはぐくまれるという点においては、同じなのです。

確かに、私がかかわってきた「怒りをコントロールできない子ども」たちの中には、もともとＬＤをもっている子どもは多いですし、ＡＤＨＤやアスペルガー症候群であることが、衝動性の強さの根底にある事例もたびたび経験します。しかしながら、逆に言うと「怒りをコントロールできない子ども」のすべてが、ＡＤＨＤやアスペルガー症候群の子どもであるということではないのです。前述したように、正当な怒りを表出しているだけのことさえあるのです。本書では、軽度発達障害を持っている子どもであろうとなかろうと、共通して、子どもの感情の発達のためには、ネガティヴな感情が社会化されることを支援するコミュニケーションが重要であるということを述べています。軽度発達障害をもっている子どもが、ネガティヴな感情を解離せざるを得ないような環境で育てられれば、その結果現れるゆがみは、ハンディがあるだけ、より強いものになってしまいます。それゆえに、軽度発達障害をもっている子どもには、より手厚い配慮が必要だということは言えるでしょう。

診断名は、それにより「子どもの個性が認められる」環境が確保されることに役立つのであれば有効ですが、診断名がついたことで、親や教師が子どもへの拒否感を高めてしまうような場合には、逆効果にもなりえます。極論すれば、軽度発達障害が示す状態像が、子どもの個性豊かな発達のスタイルと認知されさえすれば、そういう診断や分類は必要ないとさえいえると思います。健常児と分類される子どもたちの中にも、豊かに愛され個性を認められて育っているLDやADHDやアスペルガーの子どもたちがいるのですから。子どもをありのままに受け入れることができるという目的のために診断名を生かせるときには、診断は子どもの発達に役立つツールとなるでしょう。

学校心理学（石隈、一九九九）という領域は、すべての子どもをそのサービスの対象にし、教師やスクールカウンセラーや医師や保護者やボランティアなど子どもを育てるさまざまな援助者がチームをくんで心理学的支援を組み立てていくという体制を組織していくための理論的基盤を提供してくれます。子どもの診断名が、先入観を生み出すラベルとしてではなく、真に一人一人の教育ニーズを保障していくものとして機能するためには、チームとして子どもを支援する体制が必要でしょう。

上野（二〇〇三）は、LDやADHDをもつ映画や小説の中の著名人をあげ、ある側面からみれば「障害」であるものが、別の側面からみれば「個性」「才能」であることを示しています。そして、ADHDを、親に向け次のようにやさしく説明しています。「体の中の『元気玉』が大きくて、じっとしていられないということを、誰よりも身近な人がわかってやらないと、子どもはどんなにか苦しいでしょうね。まるで元気のよい子犬を、散歩にも連れていかず、狭い小屋の中でただただおとなしくしていなさいと命じているようなものかもしれません。どのように育てていけばよいのか、そのコツを知るには、まず、子どもの内側にある『エネルギーのかたまり―元気玉』の存在を感じることです」。こういった、子どもの個性を尊重するあたたかい理解をするために、診断名が活用されることを願いたいものです。

(2) 教師にとって必要な見立て

職員室で、手に負えなくなっている子どものことを、軽く「あの子は、ADHDじゃないの?」「いやぁ、きっとアスペルガーよ」とぼやきあっていても、残念ながら問題は解決しません。

これまで述べてきたように、子どもの「問題」は、子ども個人が抱えている問題(成長発達システム上の問題)と、問題を解決しようとして増幅している関係性の問題(問題増幅システム上の問題)のからみあいによって、成立しています。ですから、安易なラベルづけは、「問題」のすべてを子ども個人の特性(軽度発達障害)に起因させるものの見方につながるので、「問題」の解決をより困難にしていきます。

教室の中で、教師にとって必要な見立てとは、図9(69頁)に基づいて、軽度発達障害をはじめとした「子ども個人の抱える課題」と、その結果生じている「クラス全体の問題」を分けて考える視点です。多くの場合この「クラス全体の問題」が子どもの問題増幅要因になっています。この「クラス全体の問題」を解決する役割を担っているのは教師なのです。ですから、子どもが生きている世界を視野にいれたエコシステミックな視点から、軽度発達障害という体質をもった子どもが、クラスの中のどのような問題増幅システムにはまっていることで問題が増幅しているのかを見立てることが、教師の仕事です。スクールカウンセラーはそのような視点から教師へのコンサルテーションを行い、教師のかかわりを支援していくことが必要です。

軽度発達障害そのものへの支援は、問題増幅システムが改善できて、子どもが個性を承認されながら成長していける道筋が確保できた段階で、行っていく必要があります。ＬＤの子どもには、その子の認知特性にあわせた教育方法が工夫される必要がありますし、ＡＤＨＤの子どもには、投薬が功を奏するかもしれません。アスペルガーの子どもには、その状態像に応じて、ソーシャルスキル・トレーニングなどのトレーニングが有効なこともあるでしょう。問題増幅システムが改善されれば、それぞれの障害に適した援助法が有効になります。ＡＤＨＤの場合、問題増幅システムが改善されない場合は、服薬の効果が期待できないこともあります。服薬は子ども個人の脳に対して有効なのであり、問題増幅システムにはきかないからです。教師には、クラスの中での問題増幅システムを改善するという重要な役割があります。このクラスの中での問題増幅システムをどう改善するのかについては、第Ⅲ部で具体的に事例に基づいて述べていきます。

第5章　どのように援助するのか？

1　学校における問題増幅システムの改善

(1)　心理教育的情報提供――治療援助の文脈への介入

①　問題を増幅させている「ものの見方（言説）」に挑戦する

「きれる子」「怒りをコントロールできない子」に対する問題解決の方法として叱責や体罰が選択される背景には、多くの場合「きれる子」「怒りをコントロールできない子」は「わがままな子である」「甘やかされた子である」「がまんのたりない子である」という「ものの見方」が存在します。このようなものの見方を「言説」といいます。体罰や叱責は、子どもを「がまん強い子」にするために効果があるはずだというあやまった信念のもと、愛情ゆえに行われています。しかしながらあとで振り返ると、親自身も「きれて」（理性がきかずに）叱っていたと反省する声をきくことも多く、そのような場合には子どもは、単に恐怖の体験をしていることになるので、感情の育ちに悪影響を及ぼしてしまいます。

本書もこの「ものの見方（言説）」に挑戦するために書かれているものであり、本を読んでいただくことが、同時に心理教育的情報提供になるという形になっています。親や教師が、子どもがきれて怒りに支配される状態になっていることをどう理解するのかという前提の部分に対して、感情の発達のしくみをネガティヴな感情の社会化と解離のメカニズムという視点から説明しています。それにより、体罰や叱責が感情を育てるわけではないことを論理的に理解していただくことを試みています。そうすることで「きれて怒りをコントロールできない子はこころが傷ついているからだ」という物語、前提、文脈を共有することができます。子どもにどう対応するのかは、「きれて怒りをコントロールできない子はわがままだからだ」という一般的なものの見方（言説）に基づいている場合と、「きれて怒りをコントロールできない子はこころが傷ついているからだ」という援助的な新しいものの見方（言説）に基づく場合とでは、対応の仕方はおのずと変わってくるのです。対応の仕方を変えるためには、まず、この問題についての認識・ものの見方（言説）に挑戦することが重要です。善意でしつけようとするあまりにという体罰は、論理的な説明により逆効果であることがわかれば、抑制されるものです。

② 回復の道筋を示す

さらに重要なのは、「子どものこころが傷ついている」という物語と同時に、どうすればこころの傷は治るのかという回復の道筋を示すことです。親として教師として何をすればいいのかを明確に示すことで、親や教師の善意の力が発揮されやすい文脈を提供することになります。

このように、まず問題を増幅している「ものの見方（言説）」を把握し、そこに介入することが、その後の治療援助の文脈づくりのために必要なことになります。ここに介入できないままに、単に「子どものの気持ちを受け入れましょう」と受容を強調しても、根底に「きれて怒りをコントロールできない子はわがままだからだ」という思いがあれば、対応に変化は生じ得ないのです。そういう意味で「問題」についての認識を把握し、心理教育的情報提供によって、「問題」を解決しうる文脈を構成していくことが、最初に必要なことになります。

ここで注意しなければならないのは、ものの見方（言説）には「真実」というものがあるわけではないという点です。本書では、怒りをコントロールできない子どもの問題の増幅を生みだしているごく一般的なものの見方（「わがままな子」）に対して、新しいものの見方（「傷ついている子」）を心理教育的情報提供として提示しています。心理教育により前提が変化すれば、子どもへのかかわり方に変化が生まれるからです。しかし、ここで提示しているものの見方も一つの言説であるという点においては、このものの見方が問題を増幅させることもありうるということを意味しています。常に、真に正しいものの見方が存在するというわけではないのです。したがって、本書を参考にしながらも、実際には、事例に応じてどのようなものの見方が問題を増幅しているのかを的確に把握し、介入できる力量がスクールカウンセラーには求められるといえます。

「怒りをコントロールできない子」を抱えたクラスでは、問題が増幅して対応に困難が生じている場合、TTの体制をとったり、学生ボランティアや介助員を入れたりするという対策がとられることが多いですが、そのような援助資源が、援助的なものになるか問題を増幅するものとなるかを左右するのは、この問題に対する認識、問題をどのようなものの見方（言説）の中で読み取っているのかということによります。ボランティアがはりついて、人手があったとしても、叱る人が増えただけでは、問題をさらに先送りすることになるだけだからです。

(2) 学校へのコンサルテーション

① 個別対応による支援

「怒りをコントロールできない子」「きれる子」が、その感情をコントロールしていくことができるようになるためには、いくつかの段階が必要です。教室集団から一時的に安心できる場所に避難することを保障することや、集団から切り離した個別対応により、安心感・安全感の獲得を再学習する時間が必要な場合もあります。

不登校の子どもが、保健室や相談室を利用することには、ほとんどの学校でコンセンサスが得られている昨今ですが、「怒りをコントロールできない子」「きれる子」については、「わがままな子」というものの見方（言説）により、個別対応が認められないことがあります。しかしながら、このような子どもが解離状態を呈するに至るまでに生きてきたそのプロセスを振り返れば「個別対応」をしなければ成長発達を保障していくことができないくらい追いつめられた子どもであると判断することはそう難しいことではありません。柔軟に個別対応が検討される必要があるのです。

しかしながら重要なことは、学校における「個別対応」が、ここで述べているような治療援助の全体的枠組み（援助的文脈）の中で行われる必要があるということです。「個別対応」はともすると、「乱暴な子どもを管理するために」行われることになりがちです。そのような目的のために、介助員やボランティアなどがつけられたり、通級学級の利用をすすめられたり、別室での学習が認められたりする場合には、せっかくの援助資源が、問題増幅の一端をになうことになってしまいます。「教室の中から出る（出す）」ということは、きちんとした援助的文脈の中で行われないと「排除」を意味することにつながりかねないということにも目を向ける必要があります。「排除」という意味づけがなされないような援助的文脈の中で、「個別対応」を行えるよう、学校の理解をうながし、教師を支援していくことが、学校へのコンサルテーションの中で求められています。「個別対応」でのかかわり方については、「子ども本人への治療援助」（95頁）の節で述べます。

②　親との協力援助関係をつくる

効果的な援助体制を実現していくためには、学校と家庭が協力して子どもを育てるという関係をつくり出していく必要があります。学校と家庭はときに双方の一方に原因があるとみなすことにより、協力体制がつくれずに悪循環を引き起こしています。協力体制をつくるために必要なことは、「傷ついている子ども」を援助し育てるために「今からできること」を双方が行い協力するという文脈、そして、親を援助チームの一員としてみるというスタンスを共有することです。そのためには、親が教師を「子どものことを心配して私を助けてくれる人」と認識するような関係を築くことが先決です。通常、教師が子どもの問題行動を親に伝えると、親は「自分が責められている」と受けとります。それにより親子の関係が悪循環になることを恐れて、学校で抱え込み、学校での問題行動がいっさい親には知らされていない場合もあります。親に隠していても、問題は解決するわけではありません。親にとっても学校が安全・安心な場所と感じられるようになると、教師と協力して子どもを育てるという協力援助関係を求めるようになるので、時間をかけて信頼関係をつくることが、子どもへの支援となります。

③　集団の中での支援

集団の中で「問題」をどのように扱い、学級経営を行っていくかについては、担任教師が最も悩むところです。起こった「問題」を解決しようとする教師の解決努力が、学級システム全体へ影響を及ぼし、他の子どもたちをも含んだ人間関係全体が問題増幅システムとなってしまうことがよく起こります。この学級での問題にどう対応するかについては、第Ⅲ部で扱います。

このような学校へのコンサルテーションにより、親と学校とスクールカウンセラーやその他の援助者が、共通の認識をもって、援助にあたることができると、その段階で子どもの増幅されている怒りの反応はかなり改善するものなのです。

2　家族における問題増幅システムの改善

(1)　心理教育的情報提供

家族に対しても、学校に対するのと同様に、子どもがきれて怒りに支配される状態になっていることをどう理解するのかという前提の部分に対して、心理教育的情報提供を行うことは、重要です。子どもを愛するがゆえに、よい子にしつけようと思って、叱責が日常化している場合、論理的に逆効果であることを理解することは、叱責を控えるようになるために効果があります。「わがままにしてはいけない」というまわりからのプレッシャーで叱りたくないのに叱っている場合もありますので、安心して抱きしめていいのだという情報が、親を楽にすることはよくあります。

(2)　親子のコミュニケーションの回復——これからの成長発達システムの軌道修正

次に重要なのは、親子の間でかわされている日常的コミュニケーションが、子どものネガティヴな感情の社会化を可能にするような相互作用を生み出すように、軌道修正される必要があるということです。親子のコミュニケーション援助は、まだ発達途上にある幼い子どもの解離状態を治療するためには、決定的に重要な役割を果たします。

子どもの感情に、図1（27頁）のような身体と認知の解離が起こっているときには、どんなに学校でいやなことがあっても、家ではけろっとした顔をしており、「困ったことない？」と聞いても「ない。楽しいよ」としか答えない状態にあります。言語的のみならず非言語的にも、苦痛を表現することができない状態に陥っていますので、家庭での子どもの表情や行動を見ている限り、子どもが苦しんでいるということが、親にはまったく伝わらないのです。このような状態を親子のコミュニケーション不全と言います。

したがって、親は子どもの不快感やネガティヴな感情を知りたいと願っているということを、子どもに意図的に伝えるということが必要になってくるのです。親が子どもの不快感やネガティヴな感情を聴く工夫を重ねていくと、コミュニケーション改善の指標として、子どもが非言語的につらい顔やくらい顔をできるように変化してきます。言語的に表現できるようになる前に、まず非言語的に子どもの身体の感情が表現されるようになるのです。私はカウンセラーとして、親に対して、子どもが身体で感じているいやな気持ちを察しそれを言語化し、不快感をまるごと受容・承認することができるよう、励まし援助していきます。子どもが学校であった不快な出来事を「楽しそうに」「元気に」話すのではなく、「つらそうに」「苦しそうに」話すことができるようになり、その痛みに親が共感することができるようになってくると、親子のコミュニケーションは回復したといえます。そうなると、成長発達システムは軌道修正され、子どものネガティヴな感情が社会化されていく関係、すなわち感情の育ちが保障される関係性が生み出されていくのです。

このネガティヴな感情にふれていくプロセスは、援助者として関わる大人（教師・セラピスト・学生ボランティアなど）のすべてにとって必要なことですが、親子の間で可能になると、子どもは著しく回復することができるのです。

コミュニケーションの回復

小三のまさお（仮名）は、毎日のように学校で「きれて」トラブルを起こしていたけれども、「いつも学校は楽しい」と話していました。母は、学校でのトラブルを聞きだして叱ることをやめ、一生懸命に毎日「きょうはいやなことなかった？　いやなことがあったら、お母さんに教えてね。お母さんはあなたがいやな気持ちになったら、とても心配だからね」と伝えつづけることにしました。返事はいつも「別にない」でした。

しかし、母がまさおの不快な気持ちを聴こうと工夫して半年くらいたったころのある日、「ただいま」と母の顔をみるなり泣き出したのです。小学校に入学して以来はじめてのことでした。母はまさおを抱きしめることができました。下校途中に友だちとけんかになり、傘で相手の子をなぐってその子の傘を折ってしまったということでした。母は泣きながら事情を話すまさおの様子から「またやってしまった」と罪悪感で苦しんでいることを感じ取ることができました。以前は、けろっとしてうそをつき、平然とした顔をしていたので、母は必死に叱りつけていたのです。まさおは、叱られることでさらに感情を出せないようになり、悪循環になっていたことを母は理解し、後悔しました。母はまさおを心から抱きしめて、いっしょに傘を弁償し謝罪に行きました。まさおは母に守られていることを実感し、しだいに落ち着きをとりもどしていきました。

3　子ども本人への治療援助

深刻な解離状態を示している子どもの場合は、個人療法による心理治療が必要になります。子どもの発達途上における解離状態を改善するためには、前述した親子のコミュニケーションの改善がその前提としてきわめて重要であり、軽い症状の場合は、それのみで、発達のプロセスの中で自然治癒的に問題が消失していく場合もあります。ここでは私が行っている解離症状の強い子ども本人に対する治療援助のプロセスのポイントを述べていきます。それは第Ⅰ部で述べた仮説に基づいて導き出された治療援助方法です。

まず、子ども自身が「不安を感じたときの身体感覚」に焦点をあてていくということが重要なポイントになります。子どもが無自覚でいる身体の不快感を、自覚し承認され、その身体感覚を、感情を表す言語で名づけるというかかわりを治療者との間でていねいに行うことにより、身体と認知の統合が目指されるのです。身体と認知の統合がなされている姿とは、身体からあふれてくる感情が非言語的に表出され、自分で自分の感情を認知して説明できるという姿をさしています。つまり「学校で友だちとけんかして、とてもいやな気持ちになって腹がたって、殴っちゃったんだ」と苦痛の表情を浮かべながら話せるという状態です。そのようなときには、たとえ殴ったとしてもそれは「けんか」にとどまるものであり、「きれて」怒りをコントロールできず何をするかわからないという状態には陥らないのです。「きれて」何をするかわからない状態の子どもは、自分の身体の中に何が起こっていたのかを自分でも自覚的に理解することができていません。

具体的には、以下の三つの援助技法が組み合わせられます。(1)暴発するエネルギーとしてのネガティヴな感情をコントロール可能な姿にかえていくための援助技法。(2)子どもが自分の身体感覚とのつながりを感じて落ち着けるようになることを促進する援助技法。(3)専門的な治療技法の三つです。

(1) 暴発するエネルギーとしてのネガティヴな感情をコントロール可能な姿にかえていくための援助技法（その手順）

① 覚えていないことを承認する

「きれて」暴力をふるったとき、なぜどうしてそういうことをしたのかという説明ができないことを最初から承認し、「自分で何をしたかよく覚えていない感じになっちゃうってことがよく起こるんだよね」ということを明確に伝えます。子どもは「覚えていなくてもいいの？」と安心します。通常の常識的指導では覚えていないことを叱られてきているからです。その上で「どこまで覚えている？」と尋ねると、刺激（トリガー）になる出来事を把握することができます。多くの場合が、「にらまれた」「ばかと言われた」「まちがいをした」など、自己を否定されるような刺激に反応しています。客観的に見て重要と思われない情報であっても、子ども自身の感じ方のレベルで把握することが重要です。

② きれる前の身体感覚に焦点をあてる

刺激となった出来事を把握できたら、きれる直前の身体感覚に焦点をあてます。その状況をゆっくりと思い出してもらったり、その話をしていると、不快な身体感覚が喚起されるので、身体のどこが苦しいかいやな感じがするのかを尋ねます。解離の強い子どもは、すぐには答えられないので、何度もていねいに聴いてあげることが大事です。「胸が苦しい」「けむりでのどがつまる」「心臓がどきどきする」「胃がやける」「おろおろぞろぞろ」といったように子どもは多彩な表現で自分の身体感覚を伝えます。

この身体感覚に焦点をあて、フィットすることばをさがすプロセスは、フォーカシング（ジェンドリン、一九八一）に通じる心理的作業であるといえます。フォーカシングではこの身体の気づきをフェルトセンスと呼んでいます。

③ 身体感覚を外在化しコントロールの対象とする

身体感覚を認識することができ、その感覚を言語化することができると、漠然とした身体感覚はことばを得ることを通して外在化されます。「『どきどき』がやってくる』「お腹から『おろおろぞろぞろ』が出てくるとわけがわからなくなる」などと表現することができるようになると、「暴力」についてではなく、「どきどき」や「おろおろぞろぞろ」について、子どもと会話することが可能になるのです。ここでは「問題の外在化」技法（ホワイトとエプストン、一九九〇）の考えが役に立ちます。『外在化する会話』とは、人々が自分たちの人生に影響している問題から自分たち自身を分離して考えることができる空間を創造する会話である」（ホワイトとデンボロウ、二〇〇〇）といえます。「怒り」の結果である「暴力」に焦点をあてた会話をするのではなく、「怒り」を体現している身体感覚に焦点をあてて会話することによって、子どもは叱責の恐怖から自由になって自分のことを語ることができるようになるのです。「問題の外在化技法」は、「いらいら虫」「むかむか菌」のような形で命名されることを指して使用される場合もありますが、ここで大変大事なのは、子ども自身に喚起された身体感覚が子ども自身のことばで表現されるというプロセスです。その結果出てきた「ことば」を「暴力」という「問題」に代えて、以後の会話の中に生かしていくことが「外在化する」ということになります。身体感覚とつながらない形で、単に「いらいら虫」などという形で外在化しても、「きれる」という問題の場合にはあまり効果的ではありません。カウンセラーや教師との会話を通して、「いらいら」という状態が子どもの身体の中に喚起され（身体とつながり）、それを適切にフィットすることばで名づけられるというプロセスを経た上で外在化することが、解離状態からの回復を援助する上で意味をもつと言えます。

④　感情のコントロールについて会話が可能になる

子どもの体の中に起こっている状態についての会話が可能になると、その度合いをスケーリングすることができます。スケーリングとは、子ども自身の主観的な身体感覚を０―10などの数字で表すことです。数字で表現されることによって、きれる前の身体感覚は測定可能・コントロール可能なものに変化します。これはソリューション・フォーカスト・アプローチ（ド・シェーザー、一九九四）においてスケーリング・クエスチョンと呼ばれて、よく使用される技法です。「きれる子」は突然にきれるかのように見えますが、子どもの身体の中ではその前にすでに「どきどき」や「おろおろぞろぞろ」は動きはじめているのです。「きれる」前の身体の状態を子ども自身が自覚でき、数字で表現することができるようになると、きれる前に教室を出て、安心できる場に避難するという方法をとることができます。それにより、授業を妨害して、突然に友だちにけがをおわせるというような危険を回避することが可能になります。

そうすることで、教室をとびだすという行為が、「さぼっている・逃げ出した」というネガティヴな意味づけから、「自分でコントロールできた」というポジティヴな意味づけに変化していくと、解決に向けての良循環が生まれてくることになります。自分をコントロールすることができている感覚は自己肯定感を高めていくので、徐々に子どもの成長発達が促進されていきます。

ここで述べたことの実際の例を113～116頁に示しました。

(2) 子どもが自分の身体感覚とのつながりを感じて落ち着けるようになることを促進する援助技法

① 呼吸法

ストレス状態にある人は、呼吸が浅く、怒りに支配された状態のときや緊張しているときには、ゆっくりと呼吸をすること自体が困難であることが多いものです。ギリガン（一九九九）は、ゆっくりと深く意識的に吐く息に意識を集中して深呼吸をすることを、意識的呼吸法と言い、治療に応用しています。ギリガンは「筋緊張によって制限された思考はこのうえなく保守的になりやすい：『身体で経験される自分』の内部を流れる生命の流れを堰きとめ、人は硬直化した理解と『認知で経験される自分』の枠の中に閉じ込められる」「リラックスしながら注意関心を絞り込む基本技法のうちで、意識的呼吸法は最も重要である。呼吸ほど意識に影響を及ぼすものはない」と述べています。また、斎藤（一九九九）も、きれる子どもたちの傾向に対して「身体文化継承の失敗」という視点を示し、教育に呼吸法をとりいれていくことが有効であることを示唆しています。

ゆっくりと落ち着いた呼吸ができるかどうかということは、子どもの身体と認知が統合された状態にあるかどうかの目安にもなります。解離の強い子どもの場合、呼吸を誘導すると上手に呼吸できず、また恐怖を訴えることもあります。ギリガン（一九九九）の言うように深い呼吸は身体とのつながりを促進するので、解離している感情があふれてきそうになるため恐怖を感じるのです。そのような場合には、カウンセラーや教師との十分な信頼関係が前提として必要になりますが、治療援助関係において安心感・安全感を感じられるようになると、しだいにともに呼吸をすることが可能になってきます。「吸ってー吐いてー」とことばをかけ5回から10回くらい、軽くいっしょに呼吸をするということでも十分援助になります。

子どもに呼吸をうながすときに大事なことは、どんな呼吸であっても「それでいいよ。上手だよ」と励ますことです。浅い不十分な呼吸をしているからといって「もっと深くこういうふうにやってごらん」などと言われると、子どもは頭で上手にやろうと考えてしまい、ますます身体の感覚のままに呼吸をするということが困難になります。呼吸は人にとって、ごく自然な基本的な営みですから、安心を感じることができれば、身体感覚をとりもどしていくことと並行して自然に深い呼吸ができるようになります。したがって、ありのままの状態を受容されることが重要なのです。一対一の安全な場で、呼吸をして落ち着く感覚を獲得することを学習できると、学校で「いらいら」や「どきどき」や「おろおろぞろぞろ」が出てきたときに、自分で呼吸をして落ち着くという自己コントロールができるようになります。そのときには、コントロール不能なほど怒りに支配されるということはなくなります。

② **動作法（とけあう体験の援助）**（今野、一九九七）

身体の感覚をとりもどし、身体の安心感・安全感をとりもどす方法として、動作法のとけあい技法（方法については今野（一九九七）を参照のこと）が有効です。今野によると「筋緊張の弛緩は身体とこころの調和的な体験をもたらす」といいます。小林（二〇〇一）は教師にこの方法を教え、教室の中での落ち着きのない子どもへの援助に積極的に活用しています。「掌全体を使い、子どもの肩に密着させながら、一定のリズムで押したり緩めたりする。それだけである。そのことで子どもの緊張感は解けていく」といいます。小林は、この援助技法を「怒りがおさまったその瞬間に」使用することが効果的であることを述べています。怒りがおさまりふっと力が抜けたその瞬間に、やさしい掌のぬくもりを感じさせ、「怒りがおさまる状態は心地よい」という感覚を実感させるのです。動作法は専門的な技法ですが「とけあい技法」に限っては、教師でもセラピストでもごく簡単に学び応用できるものです。触れることを好む小学校低学年・中学年の子どもには大変効果的です。

(3) 専門的な治療技法

① EMDR（眼球運動による脱感作と再処理）（シャピロ、一九九五）

フラッシュバックするネガティヴな感情を処理していくために有効な専門的な治療技法にEMDRがあります。EMDRは、PTSD（心的外傷後ストレス障害）の治療技法として有効であることが知られていますが、身体感覚としてあふれてくるエネルギーとしての情動を効果的に再処理するために、EMDRを用いることがあります。すでに問題増幅システムが改善されている条件のもとで、明確な外傷体験があり、子ども自身の治療動機・意欲が高い場合には、親の保護協力を得て実施することができます。（EMDRの使用にあたっては所定のトレーニングを受けることが求められており、応用には熟練を要します。）

② エリクソニアン催眠・NLP（神経言語プログラミング）の技法

親子のコミュニケーションが回復し、子どもが母に抱かれていると身体がすっぽりと安心できるという関係性にある低学年の子どもの場合には、エリクソニアン催眠（オハンロンとマーチン、一九九二）とNLP（オコナーとセイモア、一九九〇）のアンカリング技法を用いることができます。アンカーとは「生理学的な状態に結びついて、それを引き起こす引き金になるような刺激」のことをいいます。母に抱かれている安心した状態のままトランス誘導し、子どもがきれる刺激になることばや、きれる直前の身体感覚を喚起して、それを母の「手のぬくもり（触運動覚）」や「大丈夫だよ（聴覚）」という安心感のリソースにつなげる（アンカリングする）のです。このような方法で身体感覚としての安心感とリソースをつなげるという心理治療をしておくと、クラスで解離状態になってきれたとき、あるいはきれそうになっているときに、担任が手を握ったり、「大丈夫だよ」と声をかけることで身体の安心感をとりもどす手がかりになります。

第Ⅲ部 援助の実際

第6章～第8章は、浩二くん（小六、仮名）の事例に対する援助の実際を具体的に述べていきます。

第6章では、担任へのコンサルテーションと浩二くんの保護者への援助、浩二くん本人への援助の様子を描きます。第7章では、浩二くんから被害を受けてきたまわりの子どもたちの不平不満を、クラスの中で「どう聴くのか」について、担任とのコミュニケーションの実際を検討しました。第8章では、浩二くんから被害を受けていると苦情を訴える保護者たちとのかかわり方を、保護者会での対話という視点から描きます。

第9章では、ロールプレイと公立小学校の教師との座談会から、クラス担任の対応のコツを示します。

第6章　怒りをコントロールできない子どもへの援助の実際

1　担任からの相談

(1)　担任の話から

担任の佐藤先生（仮名）は「心配な子どもがいるんですよ」と、スクールカウンセラーに次のように語りはじめました。（【　】内は、担任の「語り」から「問題」を見立てていく際のポイントを示しています。）

「小学校六年生の浩二くん（仮名）は、教室で自分ができないことにぶつかったり、注意をされたりすると、ささいなことでパニックになり、きれてしまいます。きれているときは、目つきが鋭くて、別人のような顔になり、あたりかまわずにものを投げたり、となりの子を殴ったりします。そして、そのことを頭が真っ白で覚えてないといいます。毎日、誰かに怪我をさせてしまうのではないかと、怖くなってしまいます」⇒【教室での様子】

「私は五年生から担任でしたが、トラブルが起きたときには、必ず、落ち着いてからきちんと話し合い、

『がまんができないことはいけないこと』『暴力を使うのは絶対にしてはいけないこと』を一生懸命言ってきかせてきました。『殴られた子どもがどんなにいやな気持ちだったのか』も教えて、きちんと謝らせてきました。落ち着いているときには、浩二くんも、なんとか悪いことがわかったような顔をするのですが、一年間同じ指導を繰り返してきましたが、まったく効果がないのです。浩二くんは同じことを繰り返しています」⇓【担任の解決努力】

「一年生で入学したときから、落ち着きがなく注意をすると反抗的で、手におえなかったそうですが、まだ身体も小さかったので、担任の先生がよく抱っこしていたそうです。一・二年の担任にはよくなついて、パニックになっても抱かれると落ち着けたそうで、不安定なときは、担任のひざの上にすわって、授業をうけていたそうです。理由がわからず朝から機嫌が悪くて、小動物が歯をむきだしているような状態になっているときもあるので、担任の負担はとても大きく、苦労されていました。ところが、三・四年になったら、急にすごく落ち着いたんです。三・四年の担任の先生は男性で、とても厳しい先生でした。男性ですから、一言怒鳴るととても怖いので、それでぴたっとおとなしくなりましたね。

ところが、五年になって私が担任するようになってから、また一年生のときのように落ち着きがなくなり、身体も大きくなっているので、暴力も激しくなってきました。顔つきが変わってきれて、記憶があいまいな様子がみられるようになってきたのは、五年生になってからです。だから、職員室では、私が甘いからだと思われていると思います。でも、浩二くんはただ頭ごなしに叱ったのでは治らないんじゃないかと、私はなんとなく感じているので、よく話を聴こうと思っているのですが、うまくいかないのです。浩二くんだけではなく、他の子どもたちも三・四年のときに抑えつけられていた反動か、とてもことばづかいが荒く、いらいらしているので、浩二くんは挑発されて、きれてしまうところもあるのです。まわりの子どもたちが、もう少し大人なら、浩二くんもあそこまできれないのだろうなとも思っています」⇓【一年生から四年生までの学校のかかわり】

「浩二くんは、勉強は決してできないわけではなく、算数などは耳できいただけでよく理解しますが、漢字や筆算などノートに書いてやる課題はいやがってやりません。黒板などを写すのも遅いので、それでいらいらすることもあるようです。でも、やればできる子で、理解力は高いのですが、やる気がありません」⇓【浩二くんの学習面での特性】

「浩二くんのお母さんはとてもおとなしい方です。お母さんの話では、お父さんが大変厳しい方だそうで、浩二くんはお父さんに殴られることもあるそうです。お母さんはおろおろしている感じですね。ご家庭でのことをお聞きすると口をつぐんでしまうので、話を深めることができないのです。お母さんは、以前、教育相談に行ったことがあるらしいのですが、お父さんに殴るのをやめさせるようにと言われてそれで一度で行くのをやめてしまったということを、一・二年の担任に聞いたことがあります」⇓【浩二くんの家族について】

(2) 問題はどのように構成されているか?

以上の担任の「語り」から「浩二くんの問題」がどのように構成されているのかを見立ててみます。第4章で述べたエコシステミックな見立てモデル(図9、69頁)に沿って、どのように問題が構成されているのかを説明していきます。

「問題」は「ささいなことでパニックになり、きれてしまいます。きれているときは、目つきが鋭くて、別人のような顔になり、あたりかまわずにものを投げたり、となりの子を殴ったりします。そして、そのことを頭が真っ白で覚えてないといいます」と語られています。顔つきが変わって、記憶がない状態できれていますので、解離状態できれている可能性が考えられます。

なぜ、そのような「問題」が生じたのか、成長発達システムのレベルでの情報に目を向けましょう。「浩二くんはお父さんに殴られることもあるそうです」という情報から、家庭の中で「殴られる」という経験をしてきた子どもだということがわかります。殴られて育った場合に、解離状態に陥る可能性が高いことは、第I部で述べたとおりです。

「お母さんは、以前、教育相談に行ったことがあるらしいのですが、お父さんに殴るのをやめさせるようにと言われてそれで一度で行くのをやめてしまった」という情報からは、次のことが推測できます。お父さんの暴力をやめさせようとしても簡単にはやめさせられないばかりか、家族の中でそのことはタブーになっており、お母さんが子どもの状態は改善したいが夫とのことには触れないでほしいという状態に陥っている可能性です。このような場合、どんなに父親の暴力が直接的な原因であることが明白に見える場合であっても、家族へのアプローチは慎重にすすめる必要があります。

さらに、浩二くんの能力に対する担任の「語り」からは、浩二くんがLD傾向にあることが推測されます。「浩二くんは、勉強は決してできないわけではなく、算数などは耳できいただけでよく理解しますが、漢字や筆算などノートに書いてやる課題はいやがってやりません。黒板などを写すのも遅いので、それでいらいらすることもあるようです。でも、やればできる子で、理解力は高い」。つまり、視覚からの情報の入力に困難があり、聴覚からの情報の入力は優れていること、落ち着きのなさや黒板を写すことが苦手などの様子からは、注意記憶と処理速度にハンディがある可能性もあります。つまり、この担任の「語り」から、浩二くんはLD傾向とADHD傾向というハンディをもっている可能性は推測できます（見立ての段階では推測にとどめておきます）。

ところが、担任は「でも、やればできる子で、理解力は高いのですが、やる気がありません」と話しているように、浩二くんの学習面での問題は「やればできる子」という理解になっています。これは一見、肯定的な理解のようですが、「やればできる子」ができないということは「努力不足」と理解されるということで、浩二くんの学習面での認知特性に配慮しているわけではないということがわかります。この、学習面でのハンディに配慮がないということは、一つの「問題増幅要因」と捉えることができ、コンサルテーションの場合のポイントとして、おさえておく必要があります。

問題増幅システムについての情報に目を向けましょう。担任の先生による「問題解決努力」は功を奏していません。「トラブルが起きたときには、必ず、落ち着いてからきちんと話し合い、『がまんができないことはいけないこと』『暴力を使うのは絶対にしてはいけないこと』を一生懸命言ってきかせてきました。『殴られた子どもがどんなにいやな気持ちだったのか』も教えて、きちんと謝らせてきました」というかかわりに効果がなかったということは、残念ながら、問題を増幅しているかかわりということになります。このように良心的に一生懸命かかわっている場合であっても、解決努力が功を奏していない場合は、問題を増幅しているかかわりだとみなす視点が、変化を生み出していくために必要です。

この浩二くんの事例の場合、このほかに、見逃せないもっと大きな問題増幅要因があります。それは、三・四年生のときの対応です。「三・四年の担任の先生は男性で、とても厳しい先生でした。男性ですから、一言怒鳴るととても怖いので、それでぴたっとおとなしくなりましたね」とあるように、恐怖によってコントロールされてしまった時期が二年間もあったということです。一・二年のときにそれだけ手のかかった子どもが、怖い先生の前ではぴたりとおとなしくなるということは、解離して感情を感じないようにする防衛を働かせたということを意味します。浩二くんのように、暴力のある環境で育った子どもは、恐怖でコントロールされやすい傾向にあります。一・二年生のときに、家庭の中での問題を学校でとりもどそうとしていた子どもが、三・四年になって家庭でも学校でも恐怖でコントロールされるという環境になったことで、一時的に表面的に適応していたということにすぎないのです。まさに、これは問題を増幅させるかかわりになってしまっていました。そのために、五年生からは、より強い怒りに支配される状態に陥ったということが考えられます。

ここまでのところを整理してみましょう。もともとＬＤ傾向とＡＤＨＤ傾向というハンディをもっていた浩二くんが、父親の暴力という問題を抱えた家族の中で育ってきました。そのためにさらに、落ち着きがなく、情緒不安定できれやすい傾向が小学校一年生のときから観察されていました。その後、浩二くんの学習面での認知特性に配慮されることも、家庭環境からくる心の傷にも配慮されることもなく、強い叱責という恐怖によって適応状態にコントロールされた結果、五年生以降は、さらに激しく解離状態できれるという症状が頻発するようになったのであろう、ということが推測されるわけです。

2　担任へのコンサルテーション

(1)　心理教育的情報提供

基本的に現在の担任の佐藤先生のかかわりは、子どもを思っての善意に満ちています。善意に満ちているのにうまくいかないという場合には、問題がどのような構造によって成立し、問題が増幅されているのか、ということを「理解する」ということができると、おのずと方向性が見いだされていくものです。

そこで、スクールカウンセラーは、ここまで述べたような、浩二くんが怒りをコントロールできない理由についての見立てを、担任の佐藤先生と養護教諭と管理職の先生にお話しするという形で、心理教育的情報提供を行いました。その中で、もともと持っているハンディとしてのＬＤ傾向とＡＤＨＤ傾向の可能性についても伝えました。

佐藤先生は、三・四年生のときの担任のように恐怖で子どもをコントロールすることは違うのではないかという考えを最初から持っていましたから、スクールカウンセラーの説明をきいて、すぐに納得しました。学習面におけるとりくみの悪さについても、ＬＤ傾向という観点から理解することが適切であることに同意し、「本人の努力不足じゃないんですね、配慮してあげればよかったのね」と浩二くんの痛みに共感することができました。

しかしながら、佐藤先生は「（スクールカウンセラーの）お話をきいて、浩二くんのペースでゆっくり気持ちを大事にしながらかかわることが大事なことを確認できました。でも、これまでもそう思って、できるだけ話をしてわかってもらおうと努力してきたのですが、うまくいかないんです」と話しました。

心理教育的情報提供のあとには、具体的にどのように問題が増幅されているのかを見極める必要があります。この場合、佐藤先生が善意で一生懸命に浩二くんに「トラブルが起きたときには、必ず、落ち着いてからきちんと話し合い、『がまんができないことはいけないこと』『暴力を使うのは絶対にしてはいけないこと』を一生懸命言ってきかせてきました。『殴られた子どもがどんなにいやな気持ちだったのか』も教えて、きちんと謝らせてきました」というそのやり方が、浩二くんには効果的ではないということが考えられます。したがって、トラブルが起きたあとの浩二くんへの対応の仕方を変えることが、問題増幅システムを変更するために必要です。

(2) 怒りをコントロールできない子どもとの対話の方法

佐藤先生が、浩二くんとトラブルのたびにかわしていた対話は、以下のようなやりとりでした。(名前はすべて仮名)

(興奮して、ふてくされている浩二くんに対して)

佐藤先生　どうして、徹くんのノートを破ったりしたの?

浩二くん　(ふてくされて、きちんと前を向いてすわらない)

佐藤先生　(先生も興奮しながら) ちょっと落ち着いてごらん。どうしてそんなことしたの‼　いつも少しくらいいらいらしても、乱暴をしてはいけないって、教えているよね?　どうしてそういうことをするの?

浩二くん　むかついた。

佐藤先生　むかついたからって、関係ない徹くんのノートを破ったりしたらだめだよね。そのくらい、わかるよね?

浩二くん　……うん。

佐藤先生　みんなにあやまろう、あやまってからね、教室に入れてもらおう。

浩二くん　(激しく抵抗する)

佐藤先生　はいはい、落ち着いてごらん。落ち着いて‼　徹くんはすごく悲しかったと思うよ。かわいそうなことしたよ。

浩二くん　しらないよ、そんなこと。

佐藤先生　しらないっていうわけにはいかないでしょ。考えたらわかるでしょ、浩二くんだって、自分のノート破られたら、いやでしょう？　自分がやられていやなことは、他の人にもやらないの。よく考えてごらん。それはよくないことだってわかるでしょう？

浩二くん　……（ふてくされている）

佐藤先生　落ち着いて考えてよ。少しくらいむかついても、がまんできる人になってもらいたいの。先生はね、浩二くんが大事だから、言うのよ。このままじゃ、みんなにもっと嫌われちゃうでしょ。浩二くんのためを思って言ってるんだから。もう、絶対に乱暴はだめだよ。

浩二くん　わかんない。

佐藤先生　そんなこと言っているから、みんなにいやなこと言われたりするんでしょ。ちゃんと教室で、謝るんだよ。

ここでの対話は、ごく一般的なかかわりです。一般に大人は、まず「どうして？」を一生懸命にたずね、大人が納得する答え（認知的な応答）を求めます。が、子どもは大人を満足させる応答をすることができずに、また否定されることになります。そして、大人は被害にあった子どもの気持ちを訴えることを通して、自分の行為が悪かったことを認めさせようとします。しかし、自分で処理できないでいる自分の感情でいっぱいの状態にある子どもにとっては、他人の感情についての話はほとんど意味をなしません。子どもが興奮すると、大人も非言語の部分で巻き込まれて、ともに興奮しながら、ことばでは「落ち着きなさい」と言いますが、非言語で興奮が伝わるために、子どもは落ち着くことができません。そして、子どもを心配している思いが子どもに伝わらないいらだちから、「このままじゃ、みんなにもっと嫌われちゃうでしょ」といった子どもの不安状態を強化する対応をしてしまうわけです。

そこで、スクールカウンセラーは、実際に、浩二くんが教室でトラブルを起こしてパニックになって保健室に飛び込んできたときに、以下のようなかかわりを担任と養護教諭の前で行いました（第5章「3 子ども本人への治療援助」の実際例です）。（SCはスクールカウンセラーの略）

（保健室に駆け込んできた浩二くんは息を切らしてうずくまってすわっている）

SC　教室でいやなことあったんだね。

浩二くん　……（息をあらげて興奮している）

SC　身体どきどきしちゃってるね。

浩二くん　……うん。

SC　（浩二くんのはげしい呼吸に自分の呼吸を合わせながら、徐々にゆっくりした呼吸へと導いていくように、呼吸をおとしていく）

……教室で、お友だちのこと、たたいちゃったんだって？

浩二くん　わかんない、わかんない!!

SC　そういうとき覚えてないってこともよくあるんだよ……。

覚えてなくても大丈夫だよ。

浩二くん　え？　……いいの？（不思議そうな顔をしてSCの顔をみる）

SC　うん。覚えてないもんだよ。どこまで覚えているか、教えてくれる？

浩二くん　和也とか、じろじろ見るしー、俺が答えようとしているのに、どうせできないじゃんって目

SC　でみんな見て……「お前ばかじゃねぇの」って聞こえてきた。あとは真っ白。覚えてない……。

SC　そうか、「お前ばかじゃねぇの」って聞こえたんだ……。よくお話ししてくれたね。

浩二くん　おれ、おれ、ばかじゃねぇ!!（興奮してくる）

SC　そうだよね。それなのに、そう言われるから、すっごく腹がたつんだよね。すっごく悲しかったんだよね。

浩二くん　……うん。

SC　和也くんとかに、じろじろ見られて、いろいろ言われちゃったりして、「ばか」って聞こえてきたりしたとき、浩二くんの身体の中ってどんなふうになってたかわかるかなあ。なんかおなかのあたりがムカムカしたりとかー、イライラしたりとかー、どっかがぎゅーってなったりとかー、あるかなあ。

浩二くん　わかんない。（あっさり答える）

SC　（SCが自分の胸や首をさわりながら）先生だったら、こういうところが苦しくなるんだよね。むかむかってね……。

浩二くん　うーん、胃袋が熱くなるかも……。

SC　そうかぁ。胃袋が熱くなるんだぁ……すごいねぇ、それは大発見だ。よく言えたねぇ。そうかぁ、胃袋が熱くなるんじゃ、苦しいねぇ……。

浩二くん　そうだよ。苦しいんだよ。

SC　じゃあさぁ、その胃袋の熱さが、最高に熱くなって爆発したときを、10だとして、何でもないときに0だとしたら、今はどのくらい？
浩二くん　今は5ぐらい。
SC　今は5ぐらいなんだ。自分のことよくわかってて、すごいね。きょう、教室で「ばか」って聞こえてきたときは？
浩二くん　それは、10超えてる。
SC　そうだよねぇ。だから、圭子さんをたたいてしまったんだよね。
浩二くん　うん……。
SC　今日、和也くんにじろじろ見られて、「ばか」って言われたときに、胃袋が熱くなっちゃって、それで、圭子さんをたたいちゃったりしちゃったんだよね。だから、胃袋が熱くならなければいいんだと思うのね。他には、どんな場面で、胃袋が熱くなるときある？
浩二くん　中休みのときにー、サッカーに入れてもらえなかったときもなった。
SC　そっかぁ、仲間に入れてもらえないときも、カーって熱くなったんだね。悲しかったんだね。
浩二くん　うん。
SC　そのときはいくつぐらいだったの？
浩二くん　そのときは8ぐらい。
SC　そっかぁ。ねぇ、この胃袋くんの熱さが、いくつくらいになると、教室に戻れるかなって感じ？　今、5だったよねえ。

浩二くん　うん。3か4ぐらい。
SC　じゃあ、いっしょに深呼吸してみようか。
浩二くん　うん。いいよ。
SC　じゃあ吸ってみるよ。うん、上手だねえ。
浩二くん　（数回繰り返す）
SC　先生がね、胃袋をさますおまじないのマッサージしてあげるね。
浩二くん　うん。
SC　（動作法「とけあう体験の援助」。肩に手をおいて、一定のリズムで押したり緩めたりする）
上手に深呼吸できたね。今は、いくつくらいになった？
浩二くん　ん～、3くらいになった。
SC　じゃあ教室戻れそうかな。
浩二くん　うん。戻れる。
SC　浩二くんさあ、教室に戻ったときに、圭子さんにごめんなさいって言おうね。
浩二くん　……う～ん。
SC　言おうね。
浩二くん　うん。
SC　じゃあいっしょに戻ろうか。
浩二くん　うん。

浩二くんは、教室に戻ると圭子さんに「ごめんなさい」を言うことができました。担任の佐藤先生と養護教諭は、スクールカウンセラーの対応を見て、浩二くんにとって必要なことは、理屈で「わるいこと」を理解させることではないのだと実感しました。浩二くんがきれて、怒りをコントロールできないときには、「むかつく」としか表現しないけれども、その下には「不安」や「悲しみ」を抱えていることがわかりました。そして身体で安心感を感じることが大事なのであり、そして、怒りの下にある感情を、身体感覚を通してことばにして共感してあげることが重要な援助になるのだということを、共通理解することができました。

こうして、担任の佐藤先生と養護教諭は、浩二くんへのかかわり方をスクールカウンセラーから学び、かかわり方を変えることができました。

そして感情をコントロールすることができるようになるには、そのプロセスとして、教室から避難できる場所が必要であるということについて、職員会議でも共通認識が得られ、避難場所として保健室の使用を認めてもらうことができました。

このようなかかわりを続けていくと、浩二くんは、きれる前に自分の身体感覚から「胃袋の熱さ」を感じると早めに避難して、気持ちを落ち着かせ、落ち着いてから教室に戻るということができるようになりました。

(3) 保護者へ相談を勧めるために

浩二くんの保護者のように、一度相談機関にかかっていながら、そこでよい体験がなされないと、二度と相談機関に足が向かないという状況になってしまうこともあります。また、子どものことで、カウンセリングを受けるということは、保護者にとっては自らを「問題のある親」とラベリングするということをも意味するため、教師が相談を勧めるということで、教師との関係が悪くなるということもあるのです。

そのような相談を敬遠しがちな保護者に相談を勧めるためには、まず、担任が保護者から深く信頼されるという関係をつくることが必要です。保護者から信頼されるためには、保護者が「担任は自分を否定しない」「担任はわが子を大切に思っている」という確信をもてているということが前提になります。つまり、連絡帳や何かあったときの電話連絡などの日常的なかかわりの中で、保護者が「この先生は親のこともわが子のことも否定しない。こんなに迷惑をかけているが、わが子を心配してくれ、大切に思ってくれている」と感じられるという関係が重要なのです。そういう信頼関係ができてくれば、「担任の先生が勧めるのなら……」と相談へと足が向くようになります。最初は、担任がいっしょに相談機関を訪れ、担任もクラスでの指導についてアドバイスをもらう、というようにともに相談をするという形をつくると、保護者はいっそう、担任への信頼を深め、安心することでしょう。

3　家族への援助

(1)　家族の苦しみの歴史

担任の佐藤先生から紹介されて、母はスクールカウンセラーのところへやってきました。母はうつむきがちに、小さな声で、次のように語りました。

「浩二は、成績がよくないので、テストを返されるたびに主人に殴られてきました。主人も殴り始めると何発殴ったかという記憶もないくらい、怒りくるってしまうのです。浩二は主人の前では、おびえていて、おとなしいです。私は、浩二の成績のことで叱っている主人が、異常な叱り方をしているとは思っていて、止めたいと考えてはいたのですが……、私も殴られて……かえって浩二が叱られる時間が長引くので、黙っていたほうが早くおわるかなと……かばってやれなかったんです」と涙を流しました。

そして母は、担任から、学校でトラブルがあったという電話をもらうと、浩二くんに対して怒りの気持ちがいっぱいになってしまい「どうしてあんたは何回言ってもわからないの‼」と叱りつける毎日だったと話しました。父には学校でのトラブルのことはすべて内緒にしていました。「こんなこと（学校で迷惑をかけていること）が父に知られたら大変」という思いから、ますます、浩二くんが学校でトラブルを起こさないように叱ってしまうという繰り返しだったと言います。

浩二くんは、母に対しては、きわめて反抗的でした。そのため、宿題をきちんとさせることも含めて、日常生活をこなしていくことのすべてにおいて、母と浩二くんは常にけんかになり、家でもいつもいらいらしている状態でした。

(2) 親子のコミュニケーションの回復に向けて

スクールカウンセラーは、浩二くんの問題行動の理由について、母にも担任に対するのと同様に、心的外傷と解離のメカニズムによる心理教育的情報提供を行いました。

母は子どもの問題行動が父からの暴力による傷つきからきているものだということを深く理解しました。そして自分自身も夫を恐れていることを自覚することを通して、浩二くんの「痛み」に共感することができるようになりました。子どもが学校で起こすトラブルに対して、母が「怒り」を感じるのではなく、子どもの「痛み」を感じるようになると、母の子どもを保護する力が発揮されるようになるので、親子のコミュニケーションはおのずと改善されていきます。

母は浩二くんを叱りすぎてしまうことについて、次のように洞察しました。「自分の両親が教師だったので『学校に迷惑をかけない』ということは、私にとって最も重要なことだったんです。私自身幼少期よりいつも先生に迷惑をかけないようにと気をつかってきていました。それなのに、浩二はきれて先生に迷惑ばかりかけているので、怒りの気持ちでいっぱいになっていたのです。それに、そんなことが主人の耳に入ったら、怒りくるってしまうのではないかと思うと、恐ろしくて、ただただ、浩二を叱っていたのです」

母は浩二くんの抱えている痛みを受け止めていこうと腹をくくりました。学校でのトラブルについても、叱らず、浩二くんの不安な気持ちを共感して聴くように努力していきました。次第に浩二くんは、家で母に対して荒れるということはなくなり、母と過ごすことを心地よく感じるようになり、家庭生活がおだやかに送れるようになっていきました。並行して、いらいらがおさまり、学校でのトラブルも減っていきました。

(3) 家族の変化とこれからを支える

浩二くんへの対応に自信をつけた母は、少しずつ父に対して、自己主張をするようになりました。直接話すことにはまだ恐怖心もあるので、Eメールを使うようになりました。通知表をもらう前には、あらかじめ「成績が悪くても暴力をふるわないでほしいこと」「浩二くんを治していくためには、受け止めていくことが大事なこと」を伝えていくことができたのです。父も、Eメールという形では母の意見を冷静にきくことができ、両親の間のコミュニケーションも改善していき、父もできるだけ、殴らないように努力するようになったとのことでした。父は、母が自分の思いを伝えてくれないこと、自分に恐れを抱いていることにいらだちを覚えていました。それゆえにそのいらだちから母に、自分を否定していることへの不満をぶつけると、また母がおびえるという悪循環になっていたのでした。Eメールという手段を媒介にして、母が父を恐れずに自分の意見を伝えてくれるようになったことによって、父は自分が家族の一員として受け入れられ存在していることの安心感を得て、夫婦の関係が安定し、浩二くんに対しても父として親ポジションにたつことができるように変化していきました。

第7章　クラスの子どもたちへの援助

担任が、配慮を必要とする特別の子どもに対して、一生懸命にかかわろうとすると、まわりの子どもたちとの関係でぎくしゃくしてくる場合があります。

佐藤先生は、浩二くんが怒りをコントロールできない理由を理解し、浩二くんと家族のこれまでの苦労に共感し、なんとかクラスの中で浩二くんを仲間の一人として受け入れていけるクラスをつくりたいと願っていました。ところが、不満や怒りを鬱積させてきたのは、浩二くんだけではありませんでした。他の子どもたちも、自らの、だれにも承認されていないネガティヴな感情が爆発しはじめていました。そんなクラスの中で、担任はどんなふうに関わっていけばよいのでしょうか?

ここでは、担任が浩二くんを配慮しようとするあまり、まわりの子どもたちの怒りをかい、学級崩壊しかかる場面を扱い、どのように対応することができるのかを示します。

1　浩二くんがきれて出ていく

(1)　登場人物（すべて仮名）

浩二　まわりの子どもの態度やことばに被害的になり、怒りを爆発させる。
圭子　となりの席で、何かと世話をやくが浩二から責められる子。
和也　浩二に対して、むかついており、クラスの雰囲気をしきる力がある子。
純一　和也にくっついて荒れた雰囲気をあおるが、流されているだけ。
徹　浩二がきれたとき、とばっちりで殴られた子。
洋子　浩二にうんざりしており、女子の雰囲気をしきる力がある子。
吾郎　学級委員で、リーダーとしての責任を感じている子。
その他の子どもたち

(2)　ある七月の暑い日の午後の出来事

和也　あ～あ。暑いよー！
担任　きょうは暑いねー。でも、ね、五時間目！　じゃ始めましょう。日直さん。浩二くんお願いします。
浩二　やだ……。（机につっぷしている）
担任　……今日、日直誰だっけ？　浩二くんじゃなかった？

吾郎　そうです。
担任　今日は、浩二くんと誰だったかしら？　もう一人……？

日直でありながら、机につっぷして、先生からの問いかけを無視している浩二に、となりの席の圭子が、鉛筆でつんつんとやさしくつついて、日直の仕事をやるように促しました。すると浩二は、不満を訴え始めます。浩二の様子がおかしくなってきたことにあせる圭子と、なんとかなだめようとする担任との三人の間で、次のような会話が繰り広げられます。

浩二　やったな‼　今、こういうふうに（鉛筆でつんつんするまね）やった。
担任　どうしたの？
圭子　浩二くんだよって教えてあげたの。
担任　（圭子にむかって）教えてあげたんだ。
浩二　こいつ、すっごい、いやな目で見た。
担任　（浩二にむかって）誰が？
圭子　私見てない！（浩二の様子がおかしくなってきたことを察してあせる圭子）
浩二　この人。（と圭子を指さす）
担任　（浩二にむかって）どんな感じがしたの？
浩二　なんかね～すっごい、いやな顔。
担任　（浩二にむかって）いやな感じがしたんだ？

圭子　え〜先生、そんなことしてないです〜。（圭子は泣きそうになる）
浩二　いつもそう。
圭子　えぇっ！
担任　（浩二にむかって）いつも、いつもいやな感じなの？
圭子　そんなことしてないじゃない、いつも。
担任　（浩二にむかって）う〜ん。どんなとこがいやな感じなの？　目つきが？
浩二　そう〜目つきが。汚いもの見るような目つきで見た。
吾郎　今、圭子さんは教えただけだよ。
浩二　なにそれ！（激しい口調になる）
圭子　教えただけじゃん……。
担任　（浩二にむかって）汚いもの見るような感じで見られたの？
浩二　そう！
圭子　そんなふうに見てません‼
和也　だってよー、お前、実際、汚ねーじゃん！
純一　お前、ふろはいってないだろう！
浩二　もういい！（和也・純一のことばにきれた浩二は、顔を真っ赤にして、椅子を蹴飛ばし、机を倒し、教科書をひろってくれようとした徹を殴って、教室を出ていった）
徹　痛い！
洋子　まただよ！　まったく、すぐこれだから……。

（クラス全体がざわざわする）

(3) 解説——かかわりの難しさ

ここでは、担任は浩二の被害的な反応に対して、浩二の思いを尊重して、浩二にむかって気持ちを受容する声かけをしようと試みているのがわかります。担任は、これまでのかかわりの経験から、浩二の被害的な思いを一方的に否定すると、激しくきれるという特徴を把握していたからです。ところが、善意から浩二に日直であることを教えてあげた圭子は、浩二に責められたうえ、担任が自分をかばってくれないと感じて、だんだん泣きそうになり、不安が増してきているのがわかります。

教室の中で「きれる子」「怒りをコントロールできない子」と関わることの難しさは、まさにこういうところにあります。個別の関わりの中で有効な、いわゆる受容的なカウンセリングの手法が、集団の中では思わぬ危険を生むということがあるのです。

この浩二と圭子と担任の会話をきいていたまわりの子どもたちは、圭子に共感して、堪忍袋の緒がきれたかのように、浩二へいじわるなことばをなげかけました。すると、浩二はきれて、教室を飛び出していきました。

2 子どもたちの怒りがひき出されていく担任との対話

(1) クラスでの対話

さて、以下は浩二の出ていったあとの教室でのやりとりです。担任はなんとか浩二を仲間にいれてのクラスづくりをめざし、子どもたちと対話しようとするのですが、しだいに、荒れた雰囲気に支配され、子どもたちのいらだちが前面に出てきてしまいます。

吾郎　先生、授業、始めようよ〜〜。
担任　ちょっと待って。
和也　ほっといていいじゃん。
担任　誰かさぁ、浩二くんを迎えにいってあげて。おいでよって。
和也　やだよ〜。いつもなんだもん。
担任　でも、さぁ、浩二くんは、やっぱりなんか思ったんだと思うよ？　自分のことを、汚い目でいつも見るとか。
圭子　見てません！　先生！
担任　浩二くんは、そういうふうに感じたんだよね。圭子さんは親切で言ったんでしょ？　つんつんって教えてあげたんだよね？
圭子　そうだよ。また、怒られるの、かわいそうだったから。
担任　うん、でもそのやり方は浩二くんにとってはどうだったのかな？　教えてあげるってことはいいことだと思うんだけど、浩二くんは、あなたの気持ちが理解できたのかな？
圭子　わかんないけど、でも、どうやればいいの？
和也　シカトしようよ、シカト〜。
純一　自分から出ていったんだからさー。

担任　それでいいの？
和也　いいよー。言ってもわかんねぇよー。
担任　それでいいの？　浩二くんが抜けて、六年一組って言えるのかな？　みんなそれでいい？　もうすぐ卒業だよ？
吾郎　じゃあ、先生、どうすればいいの？
担任　誰かさ、よし、私が浩二くんを呼びに行って、教室に戻ってもらって、みんなで学級会しようと思ってる人いる？　このままで、いいの？　ほっといていいの？
洋子　あいつ、ずっと一年生のときからずっとああなんだよ、あいつ〜。いいじゃん、もう。
担任　一年生から、ずっと同じクラスなの？
洋子　そうだよ。たまんないよ〜。もう‼
担任　六年間同じクラスだったの？　じゃ、浩二くんのことよく知ってるんだ？　いいとこもあるでしょ？
和也　げー。いいとこあんの〜？
洋子　すぐ怒っちゃうんだよ！　すぐ怒っちゃうんだよ！　いつも。なんか教えてあげようとするとすぐ怒っちゃって、自分勝手に出てっちゃうんだもん！
担任　でも、怒るには、なんかやっぱり理由があると思うよ？
洋子　……。（不満な顔で担任をにらむ）
担任　誰か浩二くんのことなら私に、まかせてっていう人はいないのかな、このクラスに。
圭子　だって、何言ったって怒るもん。何言ったってきれるもん！　しょうがないじゃん。

担任　でも、浩二くんはほんとに、怒りたくて怒っているんだと思う？
吾郎　だってさ～、先生！　今だって、圭子さんが教えてあげただけでしょ？　それできれてるんだよ～？
担任　あのね、たぶん、教え方が、浩二くんにとってはいやだったんだろうな～。だから、教えてもらうことは浩二くん、いやじゃないんじゃないかなと思うよ。
圭子　（下をむいてだまってしまう）
和也　そんなことねーよ。この前さ、教科書違うよって、教えてやったのにさ、それで怒るんだよ。
多数　そうだよ。そうだよ!!!（騒然としてくる）
洋子　先生さ、浩二が私たちを見る目だって、私たちいやだよ!!　（みんなに）ねぇ？　なんか言ったってさ、すっごい被害妄想でさ、私たちだっていやだよ～！
徹　そうだよ、すぐたたいてくんだよ、あいつ～。
純一　教えてやってんのにさ～、こっちの気持ちもわかってほしいよな～。
担任　でも、浩二くん、出ていっちゃったままで、それでいいの？
徹　だって、殴ったよ！　さっき。殴られたもん！
多数　そうだよ～。そうだよ。
担任　そりゃ、ちょっとよくないよね。
吾郎　先生はどっちの味方なの⁉
洋子　私たち、ちゃんとやっているのにさ～。
担任　クラスとして浩二くんもいれて、ね、あったかいクラスにしてほしいんだ。なってほしいの。

圭子　あったかいクラスって、どういうクラス？　先生。
担任　浩二くんの気持ちもわかって、みんなの気持ちも浩二くんがわかるように……。
吾郎　一生懸命やってきたよ！　今まで。
担任　どんな方法でやった？
和也　わかんね～よ。
圭子　だってさぁ、いろいろ教えてあげたりとか、教えるだけでもぼんってやられるでしょ？　そしてさ、なんか言えばいやな目つきだって。目つき悪いかもしんないけど、でもそれで、怒っちゃうなんて変だと思います。
洋子　先生、そういうふうに教えてるじゃん。怒っちゃいけないって。ね。目つきが悪いからって、怒っていいの？　いけないいんだよね‼
担任　いけないよね～。だから、まず、じゃあ浩二くんの気持ちをみんなも理解しない？
洋子　浩二くん、浩二くんって、先生、ひいきしていませんか～？
多数　ひいき！　ひいき！
徹　殴られた俺の気持ちはどうなるんですか！
担任　……。
（クラスの収拾がつかなくなる）

(2)　解説——援助する位置と援助される位置

このようなことが現実に起こると、圭子や徹や洋子は、毎日、担任への不満を母親にぶつけることになるでしょう。そしてクラスが荒れ始めることと並行して、親同士の情報交換の中で担任不信が膨れ上がってしまいます。担任への不満や浩二や浩二の保護者への批判から臨時保護者会が開かれ、親が学校を糾弾するという事態にもなりかねません。そうなると担任には、浩二を受け入れていこうというゆとりがなくなり、浩二はますます激しくきれるようになってしまうでしょう……（保護者への対応については第８章で扱います）。

なぜ、担任はこんなにも一生懸命に、浩二を支えてあたたかいクラスをつくろうとしているのに、子どもたちの荒れを引き出してしまうことになったのでしょうか？

浩二は、圭子に一方的ないいがかりをつけ、それに挑発された和也・純一の批判的なことばに反応してきれて、徹を殴って飛び出していきました。教室に残された子どもたちは、怒り、悲しみ、いらだち、無力感を感じています。それが子どもたちの「現実」です。

そのような状態で、担任との対話が始まりました。子どもたちは担任との対話を通して、担任のことを「先生は浩二ばかりが大事で、やられている私たちの気持ちはちっともわかろうとしない人だ」と認識してしまったようです。それは「ひいき！　ひいき！」ということばで一致団結する子どもたちの様子からうかがうことができます。

なぜこのような対話になってしまったのか、ということを、考えてみましょう。おそらく、担任は次のような「前提」をもって、子どもたちと対話しています。『浩二は特別に配慮が必要な子どもだ。ちゃんと適切に配慮しないときれてしまうのだから、まわりの子どもたちにも協力してもらって、浩二がよくなるようにしてあげたい』。このような前提をもっているので、担任は、子どもたちに「浩二に配慮すること」を求めているのです。

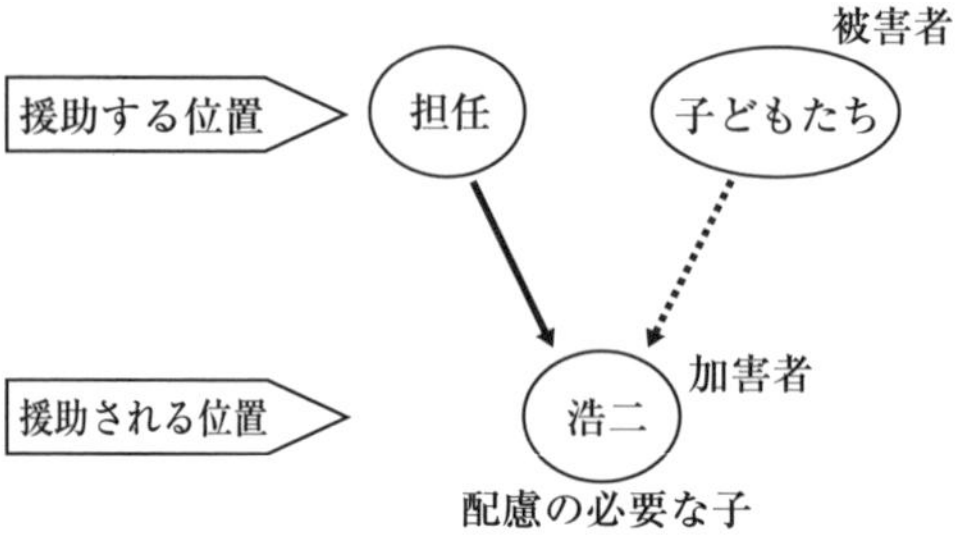

図10　担任と子どもたちの関係図(1)

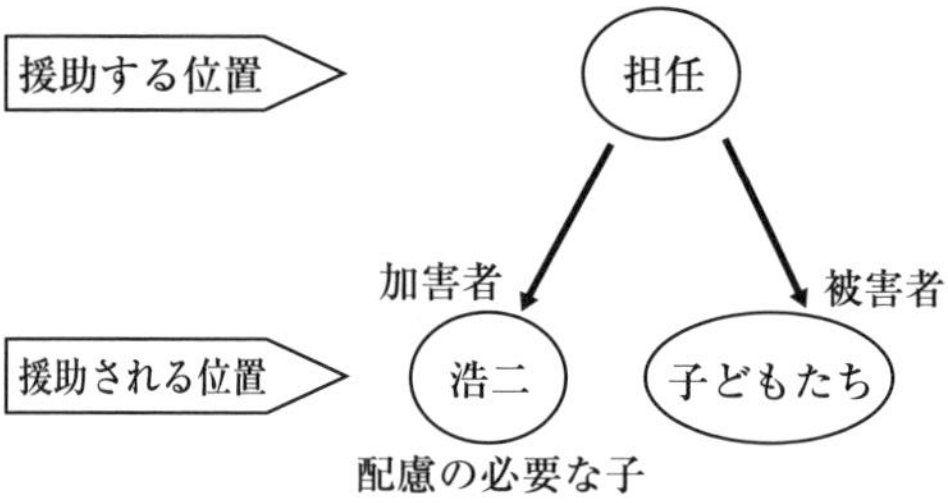

図11　担任と子どもたちの関係図(2)

それは「うん、でもそのやり方は浩二くんにとってはどうだったのかな？　教えてあげるってことはいいことだと思うんだけど、浩二くんは、あなたの気持ちが理解できたのかな？」「でも、怒るには、なんかやっぱり理由があると思うよ？」「でも、浩二くんはほんとに、怒りたくて怒っているんだと思う？」「あのね、たぶん、教え方が、浩二くんにとってはいやだったんだろうな〜。だから、教えてもらうことは浩二くん、いやじゃないんじゃないかなと思うよ」「だから、まず、じゃあ浩二くんの気持ちをみんなも理解しない？」という担任のことばによく表れています。つまり、担任とまわりの子どもたちは「援助する位置」にいて、「援助される位置」にいる浩二に配慮してあげるべきだ、という前提の中で、対話がなされているのです（図10）。

まわりの子どもたちは、被害にあっているにもかかわらず、加害者である浩二に配慮し、「援助する位置」にいることを求められてしまうと、子どもたちが抱えている怒り、悲しみ、いらだち、無力感は、まったく大事にされず、持ってはいけないものとみなされたことになってしまいます。子どもたちがこのような感情をもつことは、当然のことであるにもかかわらず、それらのネガティヴな感情を承認してもらえないことが重なっていくと、これらの感情はことばとつながるチャンスを失い、暴発するエネルギーとして噴出しやすくなるのです。それは、クラスの荒れへのエネルギーになってしまいます。まさにすべての子どもたちが「怒りをコントロールできない子」を生み出すメカニズムにはまってしまうことになるのです。

子どもたちの「ひいき！」という不満は「私たちだって、子どもだよ！　私たちだって、援助される位置にいるんだよ！」ということを意味していると読み取ることができます（図11）。

それでは図11のように、子どもたちみんなを平等に「援助される位置」におく関係を維持するためには、どんな工夫ができるのでしょうか？　加害者にあたる浩二を責めることなく、被害者にあたるまわりの子どもたちの感情を受けいれるという、一見矛盾するかにみえるかかわりは本当に可能なのでしょうか？

3　子どもたちが落ち着きをとりもどす担任との対話

(1)　クラスでの対話

ここでの対話は、第7章1「(2)　ある七月の暑い日の午後の出来事」（123〜126頁）で浩二がきれて教室を出ていったあとの場面の対話です。担任はまず、直接殴られた徹を気づかい、被害にあった圭子に声をかけます。（傍線部分はポイントとなるやりとり）

担任　徹くん、大丈夫？　痛かったね。

徹　むかつく、あいつ。もう帰ってこないでいいんだよ、あいつ。

担任　……。（やさしく肩にふれながら、だまっていたわる）
和也　あいつ、調子にのってるんだよ！
純一　ほんと、むかつく奴!!
徹　俺、何にも悪いことしてない。
担任　そうだね。何も悪いことしてないよ。
徹　うん。（安心した顔になる）
担任　圭子さんは、さっきは親切で教えてあげようとしたんだよね？　つんつんってしてね。
（圭子の肩にやさしくふれる）
圭子　（うなずく）

ここで大事なのは、子どもたちのネガティヴな感情の吐露「むかつく、あいつ。もう帰ってこないでいいんだよ、あいつ」「あいつ、調子にのってるんだよ！」「ほんと、むかつく奴!!」に対して、担任が言語的に反応していないことです。言語的に反応しないとは、それに対して「そのとおりである」とも、「そういうことを言ってはいけない」とも伝えない、言いっぱなしにさせているということを示しています。だまって被害にあった徹の肩にふれながら、非言語的に慰られた徹の気持ちを受容しているのがわかります。

担任が言語的に反応しているのは、徹の「俺、何にも悪いことしてない」に対して、「そうだね。何も悪いことしてないよ」というところです。ここは、浩二に対する批判ではなく、徹自身が自己確認している事柄であるので、担任がしっかりと「何も悪いことしてない」ということを言語的に承認してあげることで、徹は担任に自分を正しく見てもらえているという安心感を感じることができています。そして、担任は圭子に目を向け、圭子もまた、何もまちがったことをしていないということを言語的、非言語的に承認しています。

「痛かったね」ということも「何も悪いことしてないよ」ということもともに、浩二に属する事柄ではなく、徹や圭子に属する事柄なので、それを言語的に強調しても、浩二を責めることにはならないといえます。「むかつく」に対して、「むかつくんだね」と言語的に共感を示すと、「むかつく」感情は浩二に向けられたものであるので、浩二を排除する流れにつながりかねません（子どもたちの「敵か味方か」という直線的二元論にはめられないように注意が必要です）。つまり、教師が子どもの発言のどこに焦点をあてて反応するか、ということで対話の文脈と質が決まっていくといえるのです。

和也　むかつくよなー！（みんなを扇動するように）あいつなー！

担任　ね～。和也くんも、今までに、いろんなことあったんだね？

和也　俺なんかよ、三年生のとき浩二があんまりひどいからさ、やりかえして殴ってやったらさ、俺、うちの親父にぶん殴られたんだぜ。俺が悪いわけじゃねぇのにさ。

担任　あぁ～～そんなことがあったんだぁ。

和也　そうだよ。いっつもあっちが悪いのに、こっちが悪いみたいになるんだよなぁ。

純一　なあ～（みんなに）いっつもそうなんだよなぁ。

担任　みんな、ず～～っと溜まってたんだ。

和也　我慢しているんだよな、こっちだって。

担任　我慢してきてくれていたんだよね～。
和也　そうだよ！
担任　ありがとうね……。どんなふうに我慢してくれてきたのかな？
和也　あいつだってむかつくからさ、いっつもわけわかんねーことできれるしさ、先生がさ、なんかあいつの気持ちもわかってやれとかそっとしといてやろうとか言うからさ、殴られてもさ、殴られっぱなしになったしさ、こっちがさ、我慢してさ、なんかこっちも殴りたくても抑えてさ。
純一　だよな、まったく……!!
担任　殴りたくても抑えていたんだね。そうかそうか。（和也と純一の肩にやさしくふれる）
和也　言い返したりしないようにしたけど、全然変わんねーんだもん、あいつ。
担任　言い返したりしないで、殴るのを我慢していたんだね～。ありがとうね。
和也　……。（落ち着いてくる）

ここでは、和也の「我慢しているんだよな、こっちだって」という、発言を見のがさずに、担任が「我慢してきてくれていたんだよね～」と返しているところがポイントです。「我慢しているんだよな」というのは、子どもなりに浩二とうまくやっていこうとしている工夫であるといえます。その子どもなりの工夫をしている部分の発言を、担任が拾い、繰り返し、強調し、そして「ありがとうね」とねぎらっています。

そして、「どんなふうに我慢してくれてきたのかな？」と尋ねることで、子どもなりの工夫の部分にさらに焦点をあてています。和也は自分の思いを語り、担任はそこでも、「あいつだってむかつくからさ」

には注目せず「殴りたくても抑えて」を繰り返し、非言語で肩にやさしくふれて、和也の気持ちを受容していきます。「言い返したりしないようにしたけど、全然変わんねーんだもん、あいつ」という発言では、「全然変わんねーんだもん」を流して、意図的に「言い返したりしないで、殴るのを我慢していたんだね～。ありがとうね」と子どもなりのうまくやっていくための工夫の部分を、強調して承認しています。

このように、子どもの発言の中から、子どもなりのクラスを維持していくための努力、工夫をしている部分に意図的に注目することで、子どもは自分の存在を認められ、かつ同時にネガティヴな感情を否定されない経験をすることができるといえます。

和也と担任とのやりとりを聴いていた子どもたちは、自分の思いを語り始めます。子どもたちの発言は、担任がどこに注目しているかに影響を受けるものです。圭子と吾郎はそれぞれに自分の努力と工夫についいて語り始めました。

圭子　あのさ、わたしもね、うちのお父さんとお母さんが、いろいろあるけど仲良くしてあげよって言うから、声かけたり、ぶたれないように気をつけながら、声かけたり、していたの～。で、今日も、教えてあげようと思って、つんつんってやったのに、目つきが悪いって言ってさ、私、目が悪いでしょ？　先生。だから、みんなからそういわれることもあるしさ、なんでさ～私だけがいつもいつもこういう目にあっちゃうのかわかんない！

担任　うんうん。浩二くんにいろいろ気をつかって考えてくれたんだよね～。どうもありがとね～。

圭子　そう、そう。だって、お母さんにも言われてるし、だからほんとはもっともっと仲良くなりたいけどさ、だけどだけど、いつもうまくいかないんだもん。

担任　浩二くんと仲良くしたいって思っていたんだよね〜。
圭子　うん。（涙ぐむ）
吾郎　ぼくも、学級委員としてどうしたらみんながまとまるか、一生懸命考えてきた。でも、うまくできない。
担任　先生はわかっていたよ。一生懸命まとめようとしてくれているよね。
吾郎　うん。
洋子　先生、でもー、浩二のやつが、もう少しまともになんないと、私たち、やってられません！　これ以上我慢できません！
担任　洋子さんは、どんなふうに我慢させられているのか、教えてくれる？
洋子　たとえばさ〜、誰かが本を読んでいるとするじゃない。で、すっごいいいとこなのに、隣でぎゃーぎゃーぎゃーぎゃってやってるわけ。どしん、ばたん。でさ〜、せっかくいいとこなのにめっちゃくちゃ……。私たちだって一生懸命さ、集中しようとしているのにさー、このまんまじゃやってらんないでしょ。
担任　そうかそうか、一生懸命、集中しようとしてくれていたんだよね。さわがしい中で集中しようとするのって、たいへんだけど、そうやってくれていたんだね。（やさしく肩に手をおく）
洋子　一回や二回じゃないもんね……。
担任　みんなの話をきいて、みんながいっぱいがんばってくれていることがわかったよ。いいクラスにしていこうね。浩二くんは養護の先生のところで落ち着いたら、戻ってくるからね、じゃあ、授業を始めましょう。（整然と先生の指示で授業に移行する）

ここでも同様に、圭子が気をつかって声をかけていることや、「仲良くなりたい」と思っていることに、吾郎が一生懸命考えていることに、担任が注目して、子どもたちの思いを受容しています。

それでもやっぱり「これ以上我慢できません！」と訴えた洋子でしたが、「これ以上我慢できない」という表現は、これまですでに我慢をしているということを意味しているともいえます。担任は「どんなふうに我慢させられているのか、教えてくれる？」と洋子の不満をひきだし、その中から、「私たちだって一生懸命さ、集中しようとしているのにさー」という洋子なりの工夫が語られた部分をのがさずにキャッチして、繰り返して承認しています。

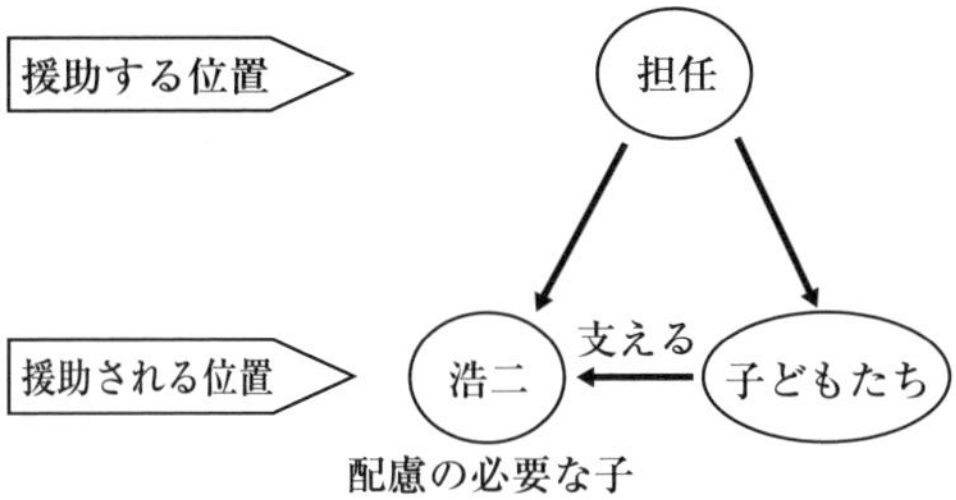

図12　担任と子どもたちの関係図(3)

(2) 解説——差異を受容できるクラス

それぞれの子どもが、言いたいことを言っても、ネガティヴな感情は否定されず、かつ、自分たちの努力と工夫が承認されたことで、満足し、落ち着きをとりもどしていきました。このような対話がなされると、発言しない子どもたちも、同じように自分の感情を承認された気持ちを体験することができるので、クラス全体が、担任への信頼を深めていくことになるでしょう。うまくいっているクラス集団においては、これらの対話は、担任には無意識のまま、自然に行われているものであるといえるでしょう。

要するに、ここでの対話では子どもたちは「援助される位置」におかれているのです（図11、132頁）。担任から自分の思いを承認された子どもたちは、次の段階として、浩二に対して子どもなりのレベルで「援助する位置」にたつことができるようになります（図12、前頁）。そのような関係性が生まれると、子どもたちは互いの差異を受容できるようになるのです。「浩二はしょうがないよ」と思いながらも、それをそのままで受け入れることのできるクラスです。それは、「きれる子」「怒りをコントロールできない子」に限らず、障害を持っている子どもやハンディのある子どもなどとともに学ぶ場合も同様であり、互いの差異を肯定したうえでの支えあいを実現できるクラスです。

そのようなクラスが実現できると、それは当然浩二にとっても、大変援助的な環境になります。自分がきれて、迷惑をかけても、本当の意味では排除されないという環境の中で、育つチャンスが得られることが、浩二の育ちなおしを支援することはまちがいありません。

第8章　クラスの保護者への援助

クラスの中に加害者となる子どもと被害者となる子どもがいる場合、保護者は当然心配し、学校に苦情を訴えることになります。そのようなとき、どのように対応することができるのかを、保護者会での対話という場面で扱います。

1　子どもたちが親に訴える不満

第7章「2　子どもたちの怒りがひき出されていく担任との対話」(126～133頁)のあとのこと、帰宅した子どもたちは、母親に次のように、訴えました。

圭子　私は親切に教えてあげただけなのに、浩二くんがきれて、先生は浩二くんの味方で、私がいやな目で見たからって、言ったんだよー。

和也　今日もまた浩二のせいでクラスがわけわかんなくなって、むかついたよ！

純一　今日もまた浩二がきれたよー。先生は浩二のことばっかり、かまってるんだよなー。
徹　俺さ、今日、浩二の教科書拾ってあげようとしたら殴られてさ、それなのに、先生、浩二の気持ちもわかってやれって言うんだよー。意味わかんないよ！
洋子　浩二くんったら、また被害妄想で教室出ていっちゃってね、先生ったら、自分勝手で教室出てった浩二くんにいいとこもあるとか言っちゃって、信じらんないー。
吾郎　浩二くんがきれちゃったら、先生もどうしようもなくって、もう、クラスがばらばらだよ！

心配になった母親たちは、互いに電話で情報交換をしました。母親たちの「井戸端会議」では、たちまちに、「これ以上、浩二くんと同じクラスでいるのは、教育権の侵害だわ！」「先生にもう少しちゃんとしてもらわないと、困る‼」という話でもりあがっていきました。そして、臨時保護者会が開かれました。

2　クラスの保護者の怒りがひき出されていく保護者会での対話

(1)　学校と浩二くんの事情を説明して理解を求めようとする保護者会

和也の母　最近、うちの息子はですね、浩二くんのことについて話すことが多いんです。授業中に、浩二くんが、教室を飛び出したりして、先生もそれにつきっきりになってしまっていると息子が言ってるんですけど……ちょっとそのへんのこと、聞かせてもらえますか？
担任　あ……はい……。そうですね……。浩二くんについては、以前はちょっと落ち着かないところもあったんですが、今はそのときに比べたら、だいぶ落ち着いてきたんです。授業中も席に着いて課題に取り組んでいるような状況も増えてきているので……あの……こちらの働きかけの成果もあってか、落ち着いてきているかなぁっと思ってるところなんですけれども……。

徹の母　そうですか？　うちの子はそうは言ってませんよ。つい最近は教科書を拾ってあげたのに浩二くんに殴られたとか……。

圭子の母　うちの娘は、親切に教えてあげただけなのに、浩二くんがきれて……先生は浩二くんの味方だそうで、うちの娘が浩二くんをいやな目で見たからって言われたとも言ってるんですのよ。

吾郎の母　浩二くんが外に出て行っちゃうっていうのはどうなんでしょう？　六年生にもなったら、落ち着いて席に座っていられるっていうのが普通かなって、普通は思いますけど……。そんなこんなでクラスもバラバラだそうじゃないですか。

担任　えっと……、あの……浩二くんは……能力的に……問題がありまして、普通に授業を受けているときに、たとえば外に出ていってしまうことがあったりとか、長い間集中が続かないというようなことが、能力面の問題であるっていうことなので……、浩二くんのお母さんの方とも話し合っておりまして……、ご家庭にもいろいろと問題がありまして……、これから様子を見て……あの、通級学級の方に、週一回とか通って個別に専門的な指導を受けて……、それであの、落ち着けるような状態にしていこうというような話し合いがもたれていますので……こちら側もそのような対応をしていきたいと思っているんです。

純一の母　通級学級っていうのは週一回ですよね？　あとの四日間っていうのは、私たちの子どもたちといっしょにこの学級で授業を受けることにかわりはないんですよね？　そういったとき、あとの大部分の四日間の浩二くんがいる時間について、先生や学校側の配慮っていうのはどういうふうにお考えなのでしょうか？

担任　あの、これまで通りボランティアの方に対応していただくことと、もちろん個別に対応が必要なときには、空いている先生に別室で対応していただくっていうことも学校側は考えてやっていこうと思っておりますので……。今は教室を抜けることなども少なくなり、物を投げたりという行動も減ってはきているので、教室で席に座って学習するということに関しては……あの……今のことをしていけば大丈夫ではないかなぁと考えているんですけれども……。そういうことで、ご理解ください。

(2)　保護者会後の親たちの反応

保護者会がおわってから、保護者たちは、学校近くのファミレスに立ち寄り、「井戸端会議」が始まりました。

和也の母　先生は、ああいうふうにおっしゃってましたけど……どうなんですかねぇ。もっと先生にしっかりしていただかないとねぇ……。

洋子の母　能力的にとか、家庭的にとか問題があるお子さんだっていうことでしたけどねぇ……。

圭子の母　通級学級っていっても週一回じゃねぇ……状況判断が甘いんじゃないかしら。

吾郎の母　通級学級に行くことで、浩二くんに合った指導がなされるってことで、落ち着いてくるっていうのはあるのかもしれませんけど……でも、なかなか時間もかかりますよねぇ。今すぐにで

徹の母　も解決してもらわないといけない問題じゃありません？
　だったら……もっと専門的にみてくれるところに行った方が、浩二くんにとってもいいんじゃないかしら。家庭にも問題があるんだったら、なおのこと……。

全員　そうですよねぇ。

純一の母　そもそもだって、空いている先生が他の部屋でみるっていうように、教室にいること自体が無理なようなお子さんだったら、同じ教室で勉強することなんて難しいんじゃないんですか。他の子どものことも考えてくださらないと。あんな様子だと、正直、私、子どもをあの学校に行かせたくなくなりますわ。こちらだって子どもにいろいろなことをしっかり身につけさせたいと思っているのに。

徹の母　ボランティアとか、いろいろな方に出入りされたらねぇ……他の子どもだって、落ち着かないですよねぇ。クラスもまとまらないはずですよねぇ。まして、あの先生の感じだと、まとまるものもまとまらないんじゃないですかぁ？

和也の母　やっぱり、浩二くんのことも、私たちの子どものことも両方のことを考えると、かわいそうかもしれませんけど、浩二くんには専門的なそういうところに行ってもらった方が、どちらにとっても最良なんじゃないでしょうかね。もうちょっとしっかり考えていただかないと、私たちも、困りますよね。

全員　そうですよねぇ～。

(3) 解説――なぜ理解を得られないのか

この保護者会での担任と保護者の対話では、どのようなことが起こっていたのでしょうか？　結果として「(2) 保護者会後の親たちの反応」（144～145頁）の井戸端会議にみられるように、保護者たちの怒りは増幅されてしまったようです。

その怒りは、浩二くんを排斥する動きを生み出してきています。保護者が浩二くんをクラスにいない方がいい存在とみなしはじめると、それは子どもたちに伝わり、子どもの中に排斥してもよい存在として認識されることにつながります。そうなると、浩二くんはクラスの中での疎外感をいっそう強くして、その不安感がきれやすさを生み、悪循環の中で、暴力や暴言が激しくなる可能性が高くなってしまいます。

まず、「(1) 学校と浩二くんの事情を説明して理解を求めようとする保護者会」（142～144頁）の対話を分析してみると、次のような構造になっています。

保護者⇒浩二くんについての子どもから聞いた不満を担任に伝える。

担任　⇒「浩二くんへの対応」「浩二くんの問題」についての説明をすることで保護者に理解を求めようとする。

この構造は、第7章で子どもたちと担任との対話で示した図10（132頁）の構造と同じです。つまり、担任が被害を受けている子どもたちの保護者を、自分と同様に「援助する位置」においている対話であるといえます（図13）。だから「浩二くんへの対応」や「浩二くんの能力の問題」というプライベートな情報を開示して、説明し、理解を求めるという対話の流れになっています。そして、ここでの対話の内容の主役は、「浩二くん」になっています。

ところが、この構造の対話からは、保護者たちの理解は得られません。なぜなら、保護者たちが求めていることは、自分たちが浩二くんの援助者・理解者になることではないからです。保護者が望んでいるのは、浩二くんを理解することではなく、「わが子」の不安が解消することなのです。

被害にあっている子どもの保護者から苦情を寄せられたときに、加害者の立場にある子どもの「事情」を話すことによって、周囲の理解を求めようとすることは、現実的にきわめて一般的にとられている方法のようです。時には、加害者の立場にある子どもの保護者自身に、保護者会で「事情」を話させたり、許可をもらって担任がプライベートな「事情」を開示したりすることで、苦情を訴えている保護者の怒りを回避しようとすることさえあります。確かに、そのようにすると、その場ではおさまります。しかしながら、保護者たちには「(2) 保護者会後の親たちの反応」(144～145頁)のような「井戸端会議」という世界があります。公の場での不満は、「井戸端会議」の場で、いっそうエスカレートし、うわさ話として発展します。

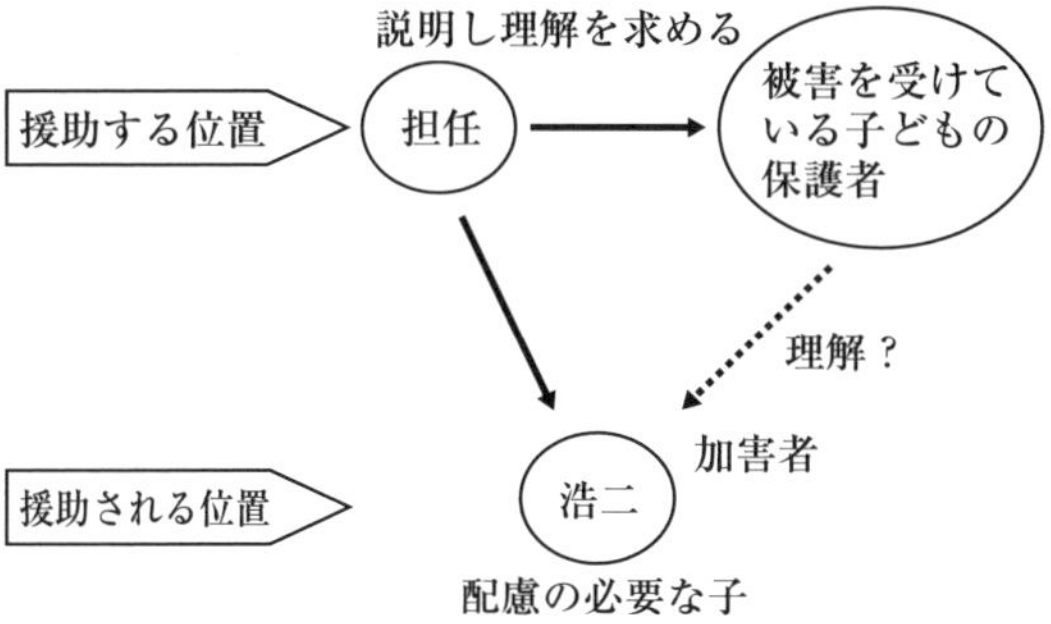

図13　担任・保護者・子どもの関係図(1)

たとえば、担任が「この子には虐待という背景があって、きれているのであって、この子は悪くないんです」ということを訴えて、理解を求めたつもりであっても、「あの親は虐待しているんだってよ！」という町のうわさになってしまうということが大いにありうるのです。配慮を要する子どものプライバシーを開示することで、まわりの保護者の苦情を処理するという方法は、きわめて危険であるといえます。では、どのような対応が適切なのでしょうか？

3　クラスの保護者が納得する保護者会での対話

(1)　保護者の苦情から子どもの声を聞こうとする保護者会

和也の母　先生、はっきり申し上げますと、正直ですね、子どもからの話を聞いてますと、このままこのクラスに子どもを通わせるっていうことに対して、非常に不安なんですよね。他のクラスのお母さんからもいろいろお話を聞いていまして、他のクラスはずいぶんお勉強の方がうちのクラスより進んでいるって聞きますし、やっぱりこんなに落ち着かないのは、うちのクラスだけだと思うんですよ。

担任　（和也の母に目を合わせながら）和也くんは、おうちに帰って、お母さんにクラスのこと、どんなふうにお話しされていますか?

和也の母　やっぱり、浩二くんが落ち着かなくって教室を飛び出してしまうということと、それで自分たちはクラスの雰囲気が悪くてイライラしている、といいます。うちの和也はですね、四年生までは落ち着いた子だったんですけど、浩二くんのせいで、先生もその子にかかりっきりなものだから、私が何を聞いても「わかんない、わかんない」で、すごくイライラしちゃってるんですね。家でもあまり口をきいてくれない状態になってしまっているので……。

（担任は、和也の母の話を目を見て、うなずきながら聞いている）

担任　イライラした感じで、お家の方でもあまりしゃべらないっていう様子なんですね……。浩二くんの対応を私がしているときに、和也くんがイライラしていて、私の方が声をかけたりできていない部分があったのかもしれないと思いますので、その点については、私の方で様子をみながら、対応していきたいと思います。他には、和也くんは何か不満を言っていましたか？

和也の母　いやもう、本当にしゃべらなくなってしまって……困っているんです……。

担任　そうですか……。和也くんは、クラスの雰囲気をがらっと変えてくれるとっても力のあるお子さんなんですね。私も、和也くんのそういう力をもっと伸ばしていけるようにかかわっていきたいと思っております。もし和也くんに変わった様子がありましたら、学校の方でも気をつけて見ていますので、いつでも私の方にご連絡をください。いっしょにやっていきたいと思いますので、よろしくお願い致します。……（圭子の母に目をうつして）圭子さんはどうですか？　おうちでどんなふうにお話しされていますか？

圭子の母　うちは、やっぱり、浩二くんに注意してあげたのに、なんで私のせいにされちゃうの⁉　っていうことを言います。先生は自分の味方は全然してくれないって……。（担任は、本当に申し訳ない、という表情で聞いている）

担任　（圭子の母と目を合わせながら）そうですよね。圭子さんに、そう感じさせてしまったことは、かわいそうなことをしました。申し訳ないです。圭子さんは本当にやさしいお子さんですよね。浩二くんにもそうですけど、他の子にもとってもやさしくしてくれて、そういうやさしさをもっと私も伸ばしていけるように対応していきたいと思っております。……（純一の母に目をうつして）純一くんは？

純一の母　うちの子は、本当に、先生が浩二くんにかかりっきりで、こちらは面倒をみてもらえないってことを言いますね。確かに、もう六年生ですけど、まだ子どもですしね……。（担任は純一の母の目を見てうなずきながら話を聞いている）先生に見てもらいたいっていうのは、当然の願いだと思うんですよ？

担任　そうですよね。それはすごくよくわかります。純一くんはすごく絵を描くのが上手で、図工の時間もすごくていねいな絵を細かく描いてるんですね。そういうのをみんなに見てもらって、ぜひ廊下とかにも貼り出していきたいと思っています。その点もしっかり私の方で対応していきたいと思っていますので、よろしくお願いします。……（徹の母に目をうつして）徹くんは、おうちでどんなことをお話しされていますか？

徹の母　やっぱりなんか授業中に放っておかれたってことは話していて……、そうですね、この前は、教科書を拾ってあげたのに、殴られたって……それでもう、下を向いちゃって、あんまり話もしてくれないような状態になることもあって……学校でおもしろいって感じてないのかなぁっていうふうに感じますし、あんまり明るい感じが見られなくなってしまっているんです……。（うつむいてしまう）

担任　（徹の母の顔を見て）浩二くんに対応しているときに私がなかなかまわりを見られなくなってしまっていて、個別にお話をしたりということができなくなっていたのだと思います。休み時間は、徹くんが、よく私に話しかけてきてくれていますので、そのときにお話をして、「今さっき我慢してくれていたんだね。ありがとう」ってお話ししようと思っています。学校が楽しくなさそうということで、お母さんとってもご心配ですよね。

徹の母　そうですねぇ。（担任はしきりにうなずく）

担任　なにかもし、徹くんがおうちでお話しされて気になることがありましたら、私の方にご連絡ください。私も気をつけて、見ていきたいと思いますので、よろしくお願い致します。……（洋子の母に目をうつして）洋子さんはいかがでしょうか？

洋子の母　うちはですね、ほんとにもう、浩二くんのことでうんざりしているようなんです。それに、女の子たちは、みんなうんざりしてるって言ってますね。

担任　そうですか……。（洋子の母の目を見ながら）洋子さんはとてもしっかりしたお子さんなので、それだけに浩二くんのことではいろいろと思ってくれているんですよね。洋子さんは、本当に活発なお子さんで、体育のときなど、女の子たちに率先して声をかけてくれて、長縄飛びでは、目をきらきらさせて取り組んでくれているんです。これからは、洋子さんのうんざりする気持ちを私から積極的に聞いていこうと思います。……（吾郎の母に目をうつして）吾郎くんはどんなことをお母さんに話していますか？

吾郎の母　本来すごく活発で元気な子なんですよね。それが最近学校から帰ってくると、しょんぼりしているような様子がみえて……。（担任は吾郎の母の目を見てうなずきながら聞いている）やっぱり浩二くんが授業中に誰かをたたいてしまったりとかいうようなことを話していて、それに先生が困っていて、クラスがバラバラになっちゃう‼　……って。うちの子はそれを心配してるみたいなんですよね。

担任　そうですね、浩二くんが少し落ち着かないようになってしまったときに、まわりのことも気を配ってくれていますし、責任感も人一倍あるお子さんなので、それでお母さんにそういうふうにお話しされているんだと思います。私の方でもなかなか個別に話せませんでしたので、その点に関しては話をしていきたいと思っております。また何かありましたらご連絡いただきたいと思います。（全体を見回しながら、一人ずつ目を合わせるような感じで）お母様方、私も至らない点も多々あると思いますが、お子さんたちからもらう私へのメッセージを汲み取って対応していきたいと思っていますので、どうぞよろしくお願い致します。今日は、お子さんたちの気持ちを伝えていただいて、本当にありがとうございました。

(2) 保護者会後の親たちの反応

和也の母　なんかね、今日先生のお話をうかがって、ちょっとこう子どもから聞いている話だとまったく先生は、見てくれてないのかなっていう感じだったんだけど、ちょっと意外と見てくれているのかなっていう感じが……。ああいうふうに言っていただけるとね、私も、うちの子の様子をお話ししてよかったなって思ったんですけど……どうでした？

洋子の母　あの先生はうん、一生懸命やっているんだなっていう感じがして……。

圭子の母　子どものいろいろなところ見てくれているみたいなところがいっぱいありますよねぇ。

吾郎の母　なんか親の私でさえ知らないところまで見てくれているんだなと思いましたね。

純一の母　まぁ……なんて言うんですか……、その熱意が子どもたちにうまく伝わってないってところがちょっとあったって感じなんですかね。

徹の母　そうですね。子どもは子どもですから、そのへんはわからなかったのかもしれないですね。でも、あんなに見ていてくださっているんですし、帰ってから息子に話そうかなって思います。一生懸命やってくださっているようだから、安心するように。

全員　（うなずく）

このような状態で保護者会を終了できると、保護者が担任を信頼しているということが子どもに伝わることになります。その信頼感が子どもに伝わり、さらに先生がまわりの子どもたちの気持ちにていねいにかかわることにより、クラスは安定をとりもどし、浩二くんを仲間として育てていくことのできるクラスに育つでしょう。

(3)　解説――「わが子」を主役におく

まず「(1)　保護者の苦情から子どもの声を聞こうとする保護者会」（148〜152頁）での対話を分析してみると、次のような構造になっています。

保護者⇒浩二くんについての子どもから聞いた不満を担任に伝える。

担任　⇒それぞれの保護者の顔をよく見ながら、その子どもが何を訴えているかに、関心を向けている。そして、保護者を通して伝えられた子どもの不安を、真摯に受け止めている。さらに、担任から見たそれぞれの子どもの学級での姿を伝え、今後も、不満を聞くつもりがあることを伝えている。

この構造は、第7章で子どもたちと担任との対話で示した図11（132頁）の構造と同じです。つまり、担任が被害を受けている子どもたちの保護者を、「援助される位置」におき、保護者から語られる不満・苦情を、子どもの声の代弁者として聞いている対話、であるといえます（図14、次頁）。そして、ここでの

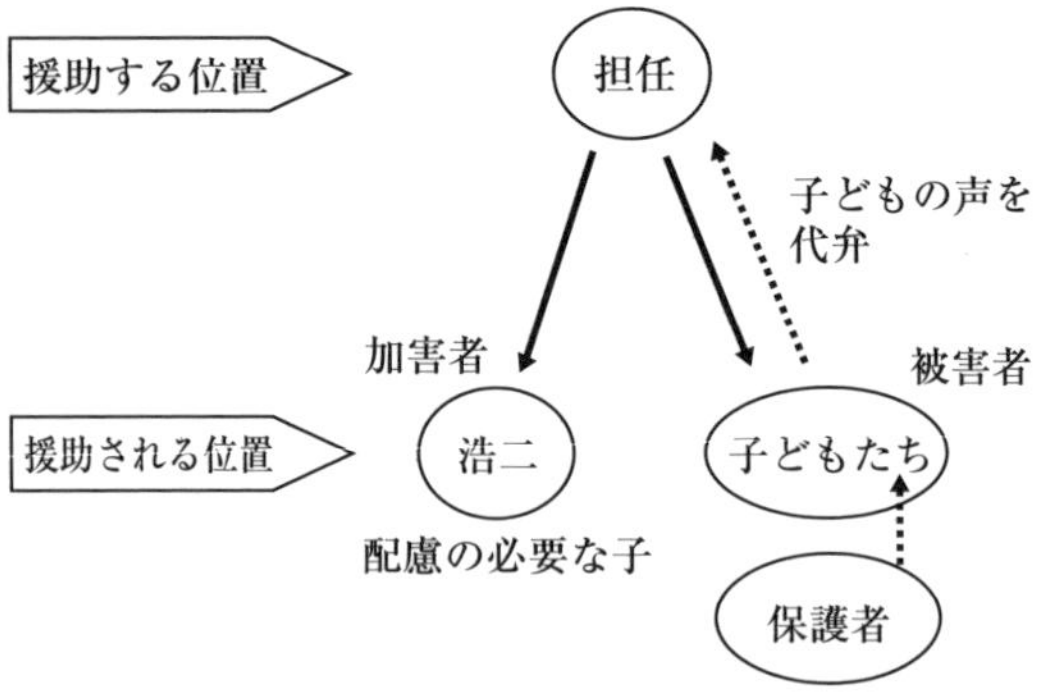

図14　担任・保護者・子どもの関係図(2)

対話の内容の主役は、「浩二くん」ではなく、「それぞれの保護者の子ども」になっているのです。

「(2)　保護者会後の親たちの反応」（152〜153頁）の井戸端会議にみられるように、保護者たちは、自分の子どもを担任が見てくれている、ということを感じています。そして、「わが子」の訴えがそのまま「うのみにしてよい事実」ではない、と捉えるように変化しているのがわかります。

保護者たちの不安は、「わが子」が学校を楽しめず、いらいらし、泣き、話をしなくなったというような「変化」なのです。その理由を理解しようとするときに、「浩二くん」という異質な存在が、共通の明確な理由としてクローズアップされることになります。そして、日常行われる「井戸端会議」の中で「浩二くんのせいで、わが子がこうなった」という物語が生まれてくるという側面もあるのです。「浩二くんさえいなければ、わが子は学校を楽しめるはずだ」と思うから、苦情を訴えるのです。言い換えると、浩二くんのような子どもがいても、まわりの子どもたちが学校生活を楽しめていれば、保護者からの苦情は生じないとも言えるでしょう。

保護者たちが、苦情を訴える、その根底には、保護者たちが共通に抱える子育て不安があります。多くの保護者が、「わが子」をどう育てていいのか、迷い、不安を感じ、思い描く理想と異なる子どもの姿に接すると非常にとまどいを感じます。だから、それぞれの保護者にとって大事なのは「わが子」であり、担任と話をするときには、「わが子」を主役においてもらいたいのです。「わが子」が担任にきちんと見ていてもらえるとわかると、保護者は安心して、担任を信頼し、まかせることができるものです。

第9章 場面別・クラス担任の対応の工夫

この章は、平成十五年二月に、八人の公立小学校の先生方にお集まりいただき、自由に語り合っていただいた内容から構成したものです。まず、東京学芸大学心理学科の学生が、教室での子どもたちになりきって、四つのシーンをシナリオにそって、リアルに演じました。その現場にいる教師になった気持ちで、実際にどう介入するか、その実践的な知を先生方の座談会の中から拾いだしました。

ご協力いただいた先生方（五十音順）
浦野裕司先生・岡部倫子先生・笠原裕行先生・木下知登美先生
副島賢和先生・中野幸子先生・山口志げ先生・渡辺一雄先生

【ある小学校五年生のクラス】（学生によるロールプレイ）
林くん……………………怒りをコントロールできない子
高橋さん、廣瀬くん……………文句を言う子

久冨くん、吉田さん、清水くん……崩壊に導く子（林くんを刺激する子）
中原くん……………………仲良くしてくれる子
佐藤さん……………………となりの席の子
その他数名…………………おびえる子
辻先生………………………担任

1 「先生が叱らないから悪いんだよ」と責められたら？

(1) 〈シーン1：給食の場面・林くんの自己中心的行動〉

林くん　あ〜〜、今日の給食、プリンがあんじゃん！　俺、プリン、超好きなんだよね〜〜。たくさん食べたいから、とっとこうっと！

（林くんの後ろに並んでいた数名・給食係は、林くんを恐れて何も言えない）

（そして男の子数名が教室に入ってくる）

廣瀬くん　先生！　プリンが足りません。

清水くん　おい！　林！　お前、プリンばっか取ってんじゃねーよ！　ふざけんなよ、それ、廣瀬のだろー！　ふざけんな、てめー！

久冨くん　ったくよ〜、給食くらいおとなしくしとけよな！　お前、そんなに食いたいんだったらさぁ、他のもたくさん入れろよ！　それだったら許してやるよ！　お前はそうじゃないもんな！　好きなものばっかだもんな。それって、ずりーって言うんじゃねーの～？　勉強もお前、そうだもんな。嫌いなことやんないもんな～。ほんと、俺ら、やってらんねーよ、お前だけ嫌いなことはやんなくっていいんだもんな～それだったら、俺だってきれてやるよ！

林くん　じゃあ返してやるよ‼

（プリンを投げつけ、教室を飛び出していく）

吉田さん　（こそこそと）給食の余ったのって、最後に余ったの確認してから、じゃんけんなんじゃないの～？　それ、知らないってことありえな～い。

高橋さん　先生！　廣瀬くんのプリン、どうするんですか？　なんで先生は林くんのこと、叱ってくれないんですか？　私たち、困ってるんですけど！　先生って、もめごとを解決してくれるためにもいるんじゃないんですか？

廣瀬くん　（先生に）林くんを叱らないから、こんなになるんじゃないですか～？　最初に止めてればいいと思いま～す。

高橋さん　先生、甘いってうちのお母さんも言ってた～！

辻先生　……。（子どもたちの勢いにおされて、おろおろしている）

(2)　座談会から――ルールをどう示すか

大河原　まずこのシーンでは、自己中心的な行動をとっている林くんに対して、先生が怒らないので、子どもたちから不満をぶつけられるというシーンです。林くんを怒るともっときれて悪循環になることがわかっているので、担任は林くんを怒らないわけですが、まわりの子どもたちがそれを納得しないという状況です。このようなとき、担任はどうしたらよいのでしょうか?

まわりの子どもたちがどうしてきれるのか?――まわりの子どもたちと先生との信頼関係

渡辺　こんなふうになるときというのは、おそらくもう、プリンのことはきっかけにすぎなくて、それ以外にくすぶってたものがいっぱいあるんだと思うんですよ。林くんがきれる前に、清水くんや久冨くんとか他の子がきれてましたよね。で、そのプリンを取った林くんが逆ぎれしたわけですよね。

大河原　そうです、そうです。

渡辺　これは逆ぎれですよねぇ。林くんは、育ちや能力にいろんな背景をもっている子どもだろうから、一度きれちゃうと、ひどくきれちゃうわけですよね。まわりの子どもたちには先生への不信感がもう、完璧に出来上がっていて、もうきれる寸前まできていて、今回のプリンの件で爆発したわけですから。結構根深いと思うんですよねぇ。そこのところの人間関係を見ていかないとダメだし。で、要するに、林くんは「きれる子」なんだから当然、配慮が必要なんであって、その子が変なことやったとしても、まわりの子がきれなければいいわけでしょ?

大河原　そうなんですよね、はい。

渡辺　「林くんが、プリン取ったよ」って、それで終わることができればいいわけですよ。そうであれば、まわりの刺激で林くんはきれないわけですよね。だからまわりの子どもたちを、いかに指導していくかっていうことが、重要な手立てになりますよね。

はじめてのときに、担任がどういう対応をするのかが決め手

副島　そうなんですよね。きっと、これ何回目かなんでしょうけど、初回のときが大事ですね。ぼくだったら、初回のときに、怒りの演出をして飛び出していきます。「先生は怒ってるんだ」っていうのをクラスの子どもたちに示して、「ちょっとここ頼むわ！」って言って、廊下に、バーンって出て行きますね。バッと音を立てて閉めて。そうしておいてから、教室外で林くんの話をじっくり聴きます。林くんに対するやり方は、もちろん怒るわけじゃないんだけど、教室にはもう「先生はすっげー怒ってる」「あんなこと絶対しちゃいけないんだ」ということを子どもたちに見せておいて出て行く。うん。それをするかな。

大河原　ほー。なるほどね。つまり、秩序は秩序できちんと教師が示す、でも個別対応ではきれる子の気持ちをよく聴いてあげるということですね。

副島　うん。クラスがああいうふうに不満でバーッてなっていく前に、そういうことをやっておく。

岡部　それができるのは、先生と子どもたちの信頼関係があったときですよねぇ。このクラスの状態見ていると、「うちのお母さんも言ってた」とかね（一同笑）、他の授業のときもいつもそうだって言っていて、先生に対する子どもたちの信頼関係って全然ないですよね。先生に言えばこんなふうに解決してくれたとか、先生に対する期待感とか、今何にもない感じですよね。そういう人間関係がないところで、怒っても、先生も「きれてるよ」みたくなっちゃうのかなぁと、思ったんだけども……。前の担任との悪い関係を引きずっていると、四月であっても最初からこういうこともありますよね。

浦野　うん。実は今の演技を見ていて、今ドキドキしているんですよ。なぜかっていうと、以前、同じ

ような状態で、ここでの配役での久冨くんにあたる子が、私に向かってきたことがあったんです。で、「ちょっと待て」って注意したら、彼が「俺に注意する前にあいつ何とかしろよ、てめえできないんだろ」って。で、顔突き出してきて「殴れるもんなら殴ってみろ、教師だろ、てめえ教師だから殴れないんだろ」みたいな、ま、たぶんほとんど同じようなシチュエーション。その状態で何ができたかって言うと、私にはできなかったです。現実問題として。その場ではできない。できたとすれば、とりあえずプリンを「私の分食べてくれ」って言って、飛び出すしかできない。とりあえずプリンを渡す。で、林くんを追っかけて、ほかの子には「給食だけ食べてなさい」ってね。その後何を考えるかっていうと、かなり長期戦になってくる。長期戦の中で子どもたちを育てていくってことですよね。

クラスの秩序とルールの文脈を意図的にアピールする

大河原　なるほどね。現実には、その場はとりあえずおさめて、あとは長期戦で、ということしかないんですね……。さっきの話でとても面白いなと思ったのは、クラスの子どもたちに対しては先生は怒っているという演出をしておいて、きれて出ていった林くんに対しては気持ちのフォローをするということですね。ということは、クラスの秩序維持のためには、「こういうことはしてはいけないって先生は思っている」ってことを、子どもたちにアピールする必要があるってことですよね。

副島　そうそう。

大河原　それは意図的に「文脈を作る」という意味で、とても興味深く、面白いかなとは思うんですけど、相当肝が据わった先生じゃないと、その両方を上手に使い分けるってむずかしいのかしら？

浦野　もうちょっと軽い場面ならよくやりますよね。（先生方、一同うなずく）

大河原　あー、そうですか。

山口　もし四月だったら、副島先生の言われたように、いけないことはいけないんだってアピールして、それでクラスには約束があるんだっていうことを、全身で叫ぶかもしれない。（一同うなずきながら聞いている）

副島　そう、一番最初がとにかく大事。

木下　四月にやっとけば、こうはならなかったよね。

浦野　うん。授業中にもいっぱいチャンスはあるじゃないですか。結構同じようなことやったり、鉛筆折ったり、机を蹴飛ばしたり、しょっちゅうあるわけだから、チャンスはたくさんあります。

地道な長期戦の中でクラスをまとめる

大河原　なるほど……。クラスをつくる上で四月に、クラス内のルールをきちんと明確にするのが大事っていうのは、たぶん先生たちみなさん、一致したご意見だということがよくわかりました……。でも、そのルールを平気でこわしてしまう林くん、「きれる子」がいるわけですよね。そこをどう子どもたちにわからせていくのですか……？　たとえば、全体のルールで、これはいけないことだぞっていうのを示しますよね。だけど現実の場面で、ルールを守れない、配慮を要する子どもには、先生がやさしく対応するということを子どもたちは見てしまうわけですよね……？　あるいは、逆に、きちんとダメなことはダメだというルールを示すと、それを守れない林くんみたいな子は「悪い子」だという文脈ができてしまう場合もありますよね……？　だけどそうならないで、クラスのルールづくりはきっちりやって秩序は維持し、かつ同時に一人一人の子どもを受け入れるみたいな、そういう至難の技をどうやってやるのでしょうか？　素朴な疑問です。

浦野　ルールづくりはかなり長いスパンで考えてやっていくんですよ。とりあえず、さっき副島先生がおっしゃったのは、ルールをつくるとか示すっていうこと以上に、教師自身がいけないと思っているんだってことを伝える段階だと思うんですね。そこから先は、またいろいろなことをやっていかなければいけないと思うんです。

副島　それはすごい地道にやるんですよね。

浦野　ええ、そうです。長期戦です。

大河原　その地道な部分をぜひ、教えていただきたいんです。次のシーンにすすみましょう。

2　「ひいき！　ひいき！」と言われたら？

(1)　〈シーン2：授業中の場面①・林くんの幼い注目獲得行動〉

（国語のドリルをやっている。先生は児童の机を回っている）

林くん　先生、はい！　先生、はい！　できた！

辻先生　はい、ちょっと待っててね～。

林くん　てめー無視すんのかよ！　無視するな！　手挙げてんだろ！

清水くん　林！　てめーうるせーぞ！　こっちはまだやってんだから静かにしろ！

林くん　てめーこそ、うっせーんだよ！　俺はできたから手挙げてんの！　できてないやつは黙ってやれっていうの！
久冨くん　自分ができてるときだけは手挙げるんだもんな～。お前、算数でも手挙げてみろよ！　お前、算数のときは、別の本読んでるんじゃないかよ！　お前、ほんと、やりたい放題だよな！
吉田さん　それって、ずるいよね～。こっちはさぁ、わかんなくったって、やってんのにね～。
高橋さん　先生、それひいきじゃないんですか～？
廣瀬くん　あ、だよな～俺もそうだと思ってた！　ひいきだと思いま～す。
みんな　ひいき！　ひいき！

(2)　座談会から――一人一人に「あなたは大事」と伝える工夫

大河原　このシーンは、配慮の必要な子に配慮しようとすると、まわりの子どもたちから「ひいき！　ひいき！」という声があがってしまうというシーンです。こういう子どもたちからの「ひいきだ！」という不満に対して、どのように対応するのでしょうか？

配慮される子を責める子どもの不満をじっくりと聴く

岡部　たとえば、その前に、ルールとして、終わった人は合図をしてねとか、手を挙げるとか、騒がないようなルール・約束を決めてやらせると思いますね。

大河原　でも、それを守らないわけですよね。林くんは。

岡部　ええ。林くんが守らないことに対しては、「黙って手を挙げるんだったよね、先生わかったよ」っていうふうに言って、「林くんができたの先生わかったよ」って、すぐにそばに行って、彼が伝えたい気持ちには応えるでしょうね。

大河原　それに対して、ずるいっていう声が出たら？

岡部　うん。それでも言う子は、いうだろうね。（一同軽く笑う）

木下　「私だってわからないのに」って言う子がいたら「どこがわからないの？」って、その子に今度は、目がいくと思います。

大河原　訴えてる子それぞれに、ていねいに対応するんですね。

木下　ええ。どの子も大事なんだから、彼ができたら「できたんだね」って認めてあげるし、こっちの子たちの不満も「不満なんだなぁ」と思ったら、「久冨くん、そうだよね、ルール守ってなかったよねぇ」って、林くんがよいとか悪いとかじゃなくって、「先生の約束はこれだったよねぇ」などと言いますね。

大河原　久冨くんの言い分が正しいっていうことを、先生は認めている。そのことを伝えるということですね。

岡部　たぶん「できた！　できた！」ってわめくのは、先生に自分ができたのが伝わってないと思うから、叫んでるんだと思うのね。そしたら、アイコンタクトでもいいし、体さわって「今日がんばったね、できたよ」って言ってあげると安心して落ち着きますよね。それから久冨くんに、「そうだねぇ、さっき久冨くんがんばってたんだもんね」っていうふうに個別に何か対応していく。とにかく、あそこまで言わせないようにはするでしょうね（一同笑）。彼の不満っていうのは、やっぱりすごくあるんですよねぇ。（一同うなずく）

木下　ともかく一回、久冨くんの話をゆっくり聴いてあげないと。

岡部　久冨くんの不満は、じっくり聴いてあげないと、常に、出すよね。「俺はこんなにいやな思いをしているんだ」っていうことを、事あるごとに出してるわけでしょう？　それが、林くんのほうに向かってるから、こうなっちゃうので、それを聴いてあげるっていうことが大事かもしれないですね。

渡辺　まわりの子どもたちがどう感じるかを、担任がわからないと、厳しいですよねぇ。担任が鈍いとダメですよ。だって久冨くんだって欲求不満なわけですから。先生に認められてないんですよ。

大河原　つまり、責めたりしている子は、自分にも注目してほしいという欲求不満があるわけだから、そういう子にもきちんと配慮をするということが、クラスを維持していくためにも、その子自身のためにも大事だというのが、先生たち共通の意見なんですね。

「全員ひいき」という発想の転換

浦野　たとえばの話、逆に、ひいきをもっとしてしまうっていうか。たとえば、基本的には、私は全部ひいきしていくっていうかね。その辺りをなるべくいろいろな場面で使うっていうのを大事にしているんですけども。

大河原　全部をひいきしていくというのは？

浦野　ええ。たとえば今の場面で、林くんに対しては、まずすぐそばに行きますよね。それで林くんはおいておいて、久冨くんのほうにまわって、「これ、きれいに書けてるじゃないか」とか「久冨くん今日は珍しくやってるね」とか（一同笑）「こんなに書いたの生まれて初めてじゃない？」とか何か言って、じゃぁ「今日は早いけど、ここまで書き終わったら先遊びに行っていいよ」って言って、他にも「今日満足に書けたと思う人がいたら、久冨くんといっしょに出てっていいから。今日特別だけどー」なんていう話で。そういう、えこひいきをその子に応じてやります。

大河原　つまりその、自分も大事にされているっていうことを感じるように、まわりの子にも特別扱いをする。しかもちょっとルールを逸脱したところも含めて、っていうことなんですね。微妙にね。

浦野　ええ。だから、ひいきはするよって、はじめに言ってしまう場合もあるし。

大河原　なるほどー。

副島　僕もそうします。六月くらいまでに、この子には「ひいきをしてる」っていうことを、子どもたちに植え付けます。お前も、お前も、お前も特別だし、それで、あの子も特別だしって言って。

浦野　一歩間違えると危ないですけどね。（一同笑）

副島　そう。危ないけど。特に、配慮をしなくちゃいけない子がいるときにはそうしないと、逆に難しくなる。

大河原　あぁ、そう思ってくると、「ひいき」っていう意味が、今まったくひっくり返りましたよね。つまり、子どもたちが「ひいき！　ひいき！」と訴えるときというのは、「ひいきはいけない、平等じゃなきゃいけない」っていう前提で訴えているわけですが、先生がその前提自体をひっくり返しちゃうってことですね。配慮が必要な子がいっぱいいる時代の中でやっていくためには、そうじゃないと、やっていけなくなるわけですね。いろんなところで、「みんなひいき」っていうのが堂々とまかり通ると、逆にやりやすくなる。

浦野　だから、例でよく出すのは、50メートル走を、7秒、8秒で走れる子もいれば、11秒かかる子もいますよね。だから、11秒の子に8秒で走れとか、平均タイムで走れとかっていうのは、絶対に無理だと。他のことだと絶対いっしょにやれるとか、みんな思ってるかもしれないけど、一生懸命やってもこのレベルだっていうのはあるんだし、その場その場で違うんだから、いろんなひいきをしていくこともあるよっていうことは、はじめにやっぱり伝えておきます。

大河原　なるほどね。そうすると、子どもたちの、「ひいき！　ひいき！」に怯える必要はないわけですね。一人一人が大事だからと伝えておけば、子どもたちはそういう武器を使ってこなくなるのね。「ひいき！　ひいき！」って。

浦野　うん。同じように俺も大事だぁって。

岡部　全員ひいき。

大河原　すごい発想の転換ですね。

まわりの子どもたちに「先生はあなたが好きだよ」ということを積極的に伝える工夫

木下　学校に来ない子がいるときに、そういう子にやさしくすると、やっぱりみんな複雑な思いになることあるじゃないですか。私はひいきっていうことばは使わないんですけど、こう伝えるんです。私は基本的にみんながとっても大事なんだよって。ただ、Aちゃんは今ちょっと困ってるんだよねって。だから助けてあげたいと思ってるんだよって。だけど他にも先生助けてっていう人がいたら、先生はAちゃんだけじゃなくて、他の人もみんな助けたいと思ってるから言ってねって。

笠原　僕は、もっと素朴に言っちゃってる。「俺、君、好きだから」って。

山口　いいねぇー。（一同うなずく）

笠原　きれる子がいたときに、どうしよかなーって思って。「俺、そいつ好きだからさぁ」って言った。「だって好きだもん、みんな好きじゃん、そいつ大好き！」なーんて。「やめろよ先生ー」とか言われますけど。（一同笑）

岡部　私は、手でハート型にして、それを送る身振りをしたりとか、あと、名前を呼ぶときに、先生の好きな何とかくんとか、いつも元気な何とかくんとかって呼んだりします。私が、こういうふうに思ってるということを伝える意味で、授業の中とかで、毎回じゃないにしても、時々、何とか何とかの○○くん、とか名前の上につけてあげるのね。そうすると、次、僕のこと呼ぶときになんて呼んでくれるかなぁって期待しながら待っているのね。そういうことで、あ、僕のことこんなふうに見ててくれるんだなっていうのが、伝わるの。たとえば、あの子って、目立たない子なんだけど、あの子って、もしかしたらそんなとこあるのかなっていうことを、まわりの子にも気がつかせるために、そんなことをちょっと言うときがありますね。

中野　たとえば、ささやきで言った方がいい場合と、芝居をして「すごーい」って喜びを表現した方がいい場合と、その状況判断はちょっといるんじゃないかなと思いますね。そういうのを意識的に使うと、子どもに伝えたいものが伝わりやすくなると思います。それから、私はアイコンタクトをすごく大事にしています。「あなたが今言ってることは正しい」とか「いいんだよ」っていうことは、必ず、その子と目を合わせて伝える。私は指で丸をつくって示すんですけど、「よし、それでいいよ、あなた間違ってない」ってことを、常にサインで送ります。たとえば、隣の子がきれちゃう子に対して、何か善意でやったのに、「お前今たたいただろう」ってなった場合に、その子困るわけですよね。だって「僕、たたいたんじゃないもん」ってなるわけですよ。だから必ず目を合わせるんですよ。すぐに行けない場合でも、必ず即座に「それでいい」って。「あなたのやったことは間違ってない、それでいいよ」って、まず「あなたは間違ってない」というところを、押さえておきます。そうしないと、その子は自分が正しいのか、自分は間違ったことをしたのかっていうところで、不安になって、どんどん元気がなくなっていくので。

日ごろのかかわりの中で、子どもとのつながりをつくっていく

副島　そういう関係をつくっていけるように、その練習は必要ですよね。いろんな場面で。

中野　はいはい。

副島　朝礼のときにパッて並んだ瞬間に、みんなパッてこっちむいたら、順番に目を合わせたり。そのまま、おはようってアイコンタクトであいさつしていったり。

大河原　なるほど。何でもないときに、目をこう見て、子どもと通じ合うように関係をつくっていくんですね。すると、ちょっと何かあったときに、子どもは先生を見る癖がつく。（一同うなずきながら聞いている）

中野　そうなんですね。で、さっきひいきするっていうのが出たんですけど、危ないなって思ったときは、私は時間を切り替えて、全員のいいところを言っていきます。その代わり、蓄えてないとだめなんです。

大河原　さっきの岡部先生の、「何とかの〇〇くん」っていうのと同じですよね。

中野　そうそうそう。ストックが常に必要です。そこはだから担任自身の些細な努力っていうか、「あ、この子はこのときごみ拾ってたな」とか、「ハンカチ貸してあげてたじゃない」とか、大きなことじゃなくって、小さい見えないものを見させてあげる。見えないその子のよさを先生は知っていて、「ほらね」「ほらここにもあるでしょ」「ここにも！　この人もそう！」というように。すると、子どもたちは「先生やるじゃーん」みたいになりますね。（一同笑）

大河原　うーん。なるほど。日々、どれだけ子どもたちを繊細なまなざしでよく見ているか、ということですね。お話を聞いていて、「長期戦の中で地道にやる」ということの意味がわかってきました。

3 「心の病気なの？」にどう応える？

(1) 〈シーン３：授業中の場面②・林くんのパニック状態〉

先生　はい、じゃあ、この円の面積は、いくつになるでしょう？　はい、じゃあ、林くん。

林くん　3×2×3で、18です。

先生　う～～ん、ちょっと違うな～。じゃあ、林くん、円の面積の求め方、言ってみてごらん？

林くん　（先生がちょっと違う、と言った時点で、そわそわしはじめる）え、わかんない、わかんない！　もうだめだ！　ぼくなんか、ぼくなんか、こんなのもわかんないだめなやつだから、死んだ方がいいんだ！　この窓から飛び降りてやる！　殺せよ！　殺せよ！

辻先生　（窓から飛び降りようとしている林くんを押さえ、助けを求めて叫ぶ）

誰かー!! 教頭先生!!

（教室中、凍りついたように、誰も動けない）

（林くんは、保健室に連れて行かれた）

佐藤さん　先生、林くんはなんであんなになっちゃうんですか？　うちのお母さん、言ってたけど、心の病気なんですか？　だって、間違ってるって言われただけで、あんなになっちゃうなんて……林くん、どうしちゃったんですか？

(2) 座談会から――先生には対応する力があるということを示す

大河原　ここのシーンは、子どもたちに「心の病気なんですか？」と聞かれたら、どうするか？　というシーンです。よく、クラスの中で子どもたちに「○○くんは心の病気ですから、やさしくしてあげようね」というような説明をして、○○くんの保護者が腹をたてるというようなことを聞くのですが……。

子どもたちとの対話の中でどう理解するかを生み出していく

渡辺　まず僕だったら、高学年の場合は「みんなはどう思う？」って逆に聞きますね。「どう思ってんの？」って子どもたちに聞いて、子どもたちの意見に対して、「それはそうだよね」「そうか、そういうところのある子なんじゃない？」などと言う。そして、「そういう変わったところがあるのか、あぁ、そうか」とか言いながら、「じゃあ、そういうところは、言い方とか気をつけなきゃね」などという意識をつくっていく。みんなで。子どもはいっぱい言ってきます。あいつはあーだーこーだっていっぱい。こちらが知らないことも。

大河原　つまり、病気か病気じゃないか、という子どもが持ち込んできた悪者さがしの路線にのらないで、子どもたちとの対話の中から、「問題」に対する理解をクラスの中で構成していくということ、それで納得するところにもっていくということですね。

渡辺　ええ。もちろん、子どもの発言の中で、変なところは私が「そうじゃないよ」ってはっきり、言います。偏見のところはぴしっと押さえて。

「死ぬ!」というパニックは、「あなたは大事な存在」ということを伝えるチャンス

中野　私は以前、こういうタイプのお子さんを担任したことがあります。毎日、椅子や物を投げたり「死んでやる」って暴れたりするわけです。そういうとき、まわりの子どもたちは「これはもうおかしい」っていうのはことばには出さなくても感覚的に大体わかっています。普通なら、そういうこと言ったりやったりしない、と。そういうときに、まずは、「あなたの命は大事」っていうことはまず伝えておかなきゃいけないと思っています。ですから私は、こういう場面では、必ず、その子に「あなたが大事だから、死んではいけないんだよ」と、せつに願うことばをメッセージとして必ず伝えることにしているんですね。そうすると、まわりの子どもたちは、「あ、先生は、本当に一人一人が大事だって思ってるんだ」と感覚的に感じるのですね。それを毎日やるわけです。

大河原　逆に考えると、「あなたは大事」ということを、みんなに伝える「毎日」のチャンスになっている。

中野　そうですね、そうすると「命って大事なんだ～」ってまわりはすごく思うんですよね。で、そのときに、「こころの階段」ということばを私は使っています。みんなも「こころの階段」のぼって一年生になったね、というふうに。そのときに、「こころの病気じゃないか」と捉えてしまうのではなくて、できたら「こころの階段」をのぼる過程にいるんだというところを子どもたちに伝えたいと思っています。みんな、「こりゃぁ、病気だろう」って思ってるんですよね。だけど、そこを、病気というのではなくて、「こころの階段をね、あなた、今日ものぼったじゃない」って。それから、そういう場面のあとは、もう「みんな大事だ～～～」っていうところにもっていってしまうと、まわりは結構それで納得したりするんですよね。先生が全面的に「大事だ～」って言っているところを見ただけでも、子どもたちは、それ以上尋ねないっていうところも、あります。

大河原　つまり先生が「あなたたちが大事だ」と伝え、対応できる、ということは、先生に子どもたちを抱えていく力があるということを示していることになりますね。シナリオの辻先生役の場合には、先生自身が自信をなくしていて「先生には手におえないんだな」ということが、子どもたちにわかるから「心の病気なの？」っていう疑問がわいてくるということでしょうか？　先生に任せてて大丈夫、みたいな信頼感が子どもたちの中にあると、安心でき、自分たちとは違うかもしれないけど、仲間だと認識できるようになるということなのでしょうね。

先生には対応する力があるということを子どもたちに示すことが、安心感になる

木下　私の体験でも、まさしくそれでした。「先生たち、何もできないんでしょ？」って四月に担任をもったとき、子どもたちから言われました。だって「なんとか先生もなんとか先生もなんとか先生

もあんなことしてこんなことしてあんなことしたんだよ。でも、ちっとも変わらないもん。だから病気なんでしょ」って。「ちょっと待って〜〜。みんなはどうしてもそう思うの〜？」と言ったら「あんなことこんなことが……」。「そっかぁ」ってまず聴いて、それで「病気かどうかってそんなに大事？」ってそのとき逆に聞いたんです。「病気って決めることが大事？　それとも、こういう問題がなくなるのが大事？」「そりゃ〜先生、問題がなくなることだよ」って。「じゃあ、私たち、担任一同は、問題がなくなるために、努力するから、じゃあこれまでみんながやられたことと、先生がそのときどんな対応してきたか覚えてるかぎりでいいから教えてくれる？」って聞きました。で、「このやり方は通じなかったんだよね〜」って伝えて、「じゃ、違うやり方探すね。違うやり方で頑張っていくから、また困ったことがあったら教えてね」というような話し合いをしました。

大河原　つまり、それは、先生には対応する力があるということを子どもたちにきちんと示したってことになっていますよね。

山口　私は、「今できることと、今できないことがあるんだよ。もっと先ならできることもあるけれども、今はできないことがある」「誰でもできることとできないことがある」というようなことを、話しますね。「みんな違ってみんないい」っていうような話を一生懸命にします。

岡部　たとえば、「ミミズを見て、触れる子もいれば、ミミズを見ただけで、いやーっていう子もいるよね？　その違いってみんなあるでしょ？　みんながミミズ触れるわけでもないし、どの子もぎゃーって言うわけでもないし、いろんなときに、どう思うかは、それぞれ違いがあって、差があるよね」とか「何か、心配なことがあると、すごくイライラしちゃったり、おしっこもらしそうになっちゃったりする子もいれば、そうじゃない子もいるんだし、だから、そういういろんなことをどう思うかはそれぞれ差があるんだよね」、ということを話します。子どものレベルに合わせた形で。こんなふうに、わりと言い聞かせちゃうっていうか、教師が自信を持って、「そうなんだよ〜〜〜ぉ」って言うと、なんとなく子どもも、「そうか〜〜」って思って、違いがあって当たり前なんだと感じていきます。「なんでこんなことくらいで死ぬとか大騒ぎするんだろう」とか見ている子どもでも、排除していこうとするんじゃなくて、理解しようと思うから、ちょっかい出したり、刺激することばを言ったりすることもあると思うんです。だから、先生がその子にどんな対応をするのかなっていうことを、子どもたちはすごく見ていますよね。担任が、その子を受け入れていくのか、うるさいからおかしいから邪魔にするのか、それを他の子どもたちはすごく見ていて、そこから学んでいくんだろうなと思っています。

大河原　「ミミズ」のメタファーにしても、「こころの階段」のメタファーにしても「みんな違ってみんないい」にしても、ある意味、「こころの病気」という表現を別の表現に変えているのであって、子どもたちにはみな違いがあって、それぞれに成長しているっていうことがきちんと説明されて、かつ同時に、「きれる子」だけでなく「自分たち」も大事にされてるっていう実感が伴っていくと、子どもたちは納得するということなんですね。多分、「きれる子」は大事にされてるけど、自分は大事にされてないっていう状況があると、ひいきの気持ちは増すでしょうしね。

まわりの子どもの気持ちへのフォローが非常に重要

中野　どんなに暴れてもあなたが大事、あなたが大事って言うんですけど、まわりの子がやられたときには、やっぱり私はまわりのフォローに、先に動いています。先に、まわりの子どもへのフォローを充分にしようって考えます。たたかれても、たいしたことなかったなって思っても、まず、安心させて「大丈夫？」って口でわかるように言って、「うん」って言っても、そばに行って「どこにぶつかったの？」と聞いて、「ここ」って言ったら、「ここね」ってさわってあげて。それでも収りがつかないときには、「どう？　わざとやられた感じ？」とか、「そうじゃないけど、ぶつかっちゃった感じ？」とか聞いて、そうやって収めていく感じですね。そうしていくうちに、子どもたちから「これくらいは、だいじょうぶ」「わざとやったんじゃないからいいよ」などと言ってくれるようになったんです。だんだん、まわりの子どもたちが育つんだなぁ～っていうのが、最近の実感なんですね。私はもうほんとに子どもに「あんたたちってすごいね～」って。「すごい人たちだね～」って言うんですよね。だって、絶対排斥しないんですよ。「すごいね」って一生懸命伝えています。

岡部　ある研修会で、きれる子がいるクラスのロールプレイで子どもの役をして、どんなにクラスメイトは心が痛むのかという思いをしました。だから、このシーンでは、みんなしんとして固まっていたけど、一人一人にものすごいショック、傷つきがあったんだろうなと思います。だからことばが出なかった子もいるし、まぁ、出たにしても、激しい言い方じゃなかった。そのことでものすごく深く傷ついていく静かな子どももいるでしょうね。「あ、何にもできなかった」とか、「なんであの子あんなんなっちゃうんだろう」とか、一人ですごく悩むお子さんもいるだろうし、だからそのような子に対しても、先生が受け止めてあげないと、難しいのだろうなと、本当に思います。

渡辺　学級崩壊のときって、まぁ、この場面と違って、先生は荒れる子をが～っとやりますよね？　そうすると、ふつうの子も自分もやられるかもしれないっていうふうに思うんですよ。先生の激しさを見ちゃうと、それが特定の子たちに向けられたものだとしても、今度は自分に向けられるかもしれないって、子どもはいつも思うんですよね。

大河原　このシーンでは、林くんだけじゃなくて、辻先生のパニックぶりもまわりの子どもたちにとっては、怖かったんですね。子どもたちに見られているということを、先生は常に認識しておく必要があるということですね。

4 「謝らせてください！」と要求されたら？

(1) 〈シーン4：休み時間・林くんの被害妄想的な反応〉

（教室の陰で女子がこそこそ話している）

（一人の女の子がたまたま林くんを見た）

林くん　てめーにらみやがったな！　ふざけるなよ！

吉田さん　にらんでません～。たまたま見ただけです～。

林くん　たまたま見たって言ったたって、にらんだのはにらんだんだよ！　なんかあんのかよ！　言ってみろよ！　ないならにらむな！　ふざけんな！

（林くんは吉田さんを突き飛ばす）

吉田さん　……。（悲しくて、くやしくて、でも怖くて下を向いている）

女の子たち　あーかわいそう～～～。大丈夫？

（女の子たちがわらわらと集まってくる）
（辻先生登場）
辻先生　あら、吉田さん、どうしたの？
高橋さん　私たち、話してて、吉田さんがたまたま林くんを見たら、見ただけなのに、にらんだって言って、突き飛ばしたんです！
林くん　にらんだんだよ！　ふざけんな！
（林くんは高橋さんにつかみかかろうとするが、中原くんにとめられる）
吉田さん　たまたま見ただけなのに、にらんだとか言って、被害妄想じゃないの！
女の子たち　だよね〜〜。
高橋さん　先生！　見ただけなのに、にらんだって言う林くんがおかしいと思いま〜す。突き飛ばしたの、謝らせてください！

(2)　座談会から――トラブル場面をチャンスととらえる

大河原　ここはどう介入しますか？　きれる子たちに多い、ある意味「被害妄想的になって」きれたというシーンです。

公平な観点からの担任の気持ちを伝える

渡辺　今のあの状態だと、一回ストップして分けるしかないよね。「ちょっと今、話聞いてみるから、ちょっと待ってて」と、林くんを連れて行く。とりあえずそこでは一回離す。両方から話を聞いて、明らかに林くんの勘違いだと思ったら、林くんは謝れなくても「先生は謝ることだと思う」ということを女の子たちに伝えます。要するに、ここでのジャッジは一応しておく。それで、先生はそう思ってくれてるんだっていうふうには伝えたいとは思いますけど。子どもは結構それで満足することもある。

木下　そうですね。林くんに謝らせたいという担任の思いは女の子たちには伝えたいと思いますね。謝るか謝らないかは別ですね。その場に入っていきたいな～って思います。

大河原　つまり、謝らせるために介入するのではなく、林くんが謝る謝らないは別として、担任は謝るべきことだと思っているということを女の子たちに伝えるっていうことですね。

木下　謝らなくても、そこで私は叱りはしないと思います。

担任はこう介入する

岡部　私なら、吉田さんはどうしてほしかったんだろう？　って思うかな……。うん、まわりが騒ぐことによって、自分はそこまで思ってなかったんだけれども、謝ってください！　ってかたくなになってしまうようなところが子どもってあるから。まわりがわーわー言うことによってね。たとえば、謝らなくっても、先生に、私はにらんだんじゃないよっていうのさえ、わかってもらえれば、もしかしたら彼女はそれで収まるかもしれないですね。彼女の中ではもしかしたら、先生がわかってくれれば、それで、私はいいんだって、思うかもしれないから。

笠原　状況の深さによるんだけど、自分だったら、「じゃ、まって、もう一回さ、俺見てっからさ、やってごらん」っていうことをやるときがある。「どんな目？　あ、その目だ、その目」。そうすると子どもたちが、自分たちでうなずくから。「あ、これかぁ」みたいな。そうすると、謝るかどうかじゃなくって、誤解だったねっていうのがお互いがわかるっていう感じがありますね。ただ、これはあまりこじれてると、よけい危険だから、見極めが重要だけどね。

渡辺　僕だったら、ぱっと入っていって、「まぁ、しょうがねぇなぁ。これ騒ぐな！」って止めて、吉田さんに「平気？　怪我しなかった？　ごめんね～」とか言って林くんに代わって、謝っちゃいますね。そう収めといて、林くんを連れ出して話を聞く。おそらく劣等感や引け目がなんかあると思うから、それを聴いてあげる。

トラブルを一人一人の子どもとの絆（ボンド）をつくるチャンスとして生かす

中野　私だったら、たぶん林くんの話を聴く。まぁ、そんな気がしたんだ、とか、いつもそうだからだとかいろいろ聴いて、そこはそこで受けとめますよね。その後、多分、私、また吉田さんのところに行くと思います。で、そのときに、集団で話をするんじゃなくて、吉田さん個人と話をしようとすると思うんですね。ちょっとすれ違ったときを見つけて吉田さんに声をかけて、さっきのことなんだけど、っていう感じで、「林くんはこういう気持ちだったみたいだよ」とか言って、彼女の受けとめ方を見て、それで大丈夫そうだったら、集団を使わないで、個別に「あなたにそこを受けとめられる？」って向き合います。「あなたの心に入る？」というところを吉田さんに私は確かめると思います。それで、「うん……先生、しょうがないね」って、そう言ってくれたときに、「あなたは、人の心がわかる人だね！　ありがと！」って言うとか。そういう感じで、一回個人的に話して、「心が広いね〜」とか、「ありがと〜」とか伝えますね。そうすると、次になにかあったときに、吉田さんが目でサインを送ってくれるんですね。「まだだよ」とか「でも大丈夫」って目でサインを送ってくるから、私も目で「ありがとう」って返していく。そういう耕しに力をいれます。「林くんはしょうがないね」とかなるかもしれないけどね、でも、「そう思えるあなたを先生は充分認めるよ」って言う。「そこが、そのあなたの人間性のすばらしさね〜」みたいにやるかなって思います。

副島　それを一人一人増やしていくんだね。

中野　そうですね。そうです、そうです。だから、それを公にやる場合と、私はたとえば全然関係ない場面でも、すれ違ったときに「さっきはありがと」と声をかけたり、指でOKサインをあげるとか、「さっきいいことやったね」みたいなそういう感じを増やすかなぁ〜。

副島　うん、その子を呼んでね。さっきお前つらそうだったけど、大丈夫かとか言ってね。たまに、息抜き、させたりね。

大河原　一人一人とのボンド、信頼関係をしっかり固めていくことで、こういう場面をのりきっていけるクラスがつくれるわけですね。考えようによっては、こういうトラブルの場面も、子どもとの関係を深めるチャンスと見ることもできるわけですね。「問題」の場面も、反対から見ると、ポジティヴなリソース（資源）になるというふうに、発想が変えられそうですね。

子どもたちの秩序を守るためには、担任がリーダーシップをとることが大事

渡辺　このシーンでは、先生がおろおろしているけど、子どもたちは、おろおろする先生を見ると落ち

着かなくなりますね。

笠原　なんでもいいから指示与えちゃって、はっきりしたところを見せるっていうのが必要かもしれないですね。おろおろしないで。「あなた椅子なおしといて」とか「あなた、なんとか」って。

浦野　こちらが指示を与えて、今の状況より少しでもいい状況にする。机がばらばらな状態よりは、綺麗に整然としてた方が子どもたちの気持ちは、少しなごむかもしれない。とりあえず、机、綺麗に並べといてって言って林くんを連れて行くとか。

大河原　なるほど。子どもたちもパニックになったり、不安になってるからこそ、リーダーシップを示されることが大事なんですね。指示があって、「あ、椅子をなおせばいいんだ」とかがあるだけでも、子どもたちの秩序が取り戻せるんですね。なるほど。

浦野　えぇ。緊急ではそういうことが必要かもしれない。

先生も自分の気持ちを語ろう

笠原　このシーンに出てくる辻先生は、結局、子どもたちに全然、自分の気持ちを語ってないんだよね。この子たち見てるとさ、みんな欲求不満に見える。子どもたちは、話したいんだよ。「先生、俺のことも見てくれよ」ってそういう感じするんだよ。だから先生がいろんな場面で、自分の気持ちを語ってあげれば、先生だって、自分が楽になると思うね。

5　座談会をふりかえって

公立小学校の先生方との座談会を通して、私が学んだことは、次の二点にまとめられます。

1　担任は、「問題」についての文脈（コンテクスト）を決定する立場にいるということ。

2　発想の転換が、担任をも子どもたちをも救うということ。

物事の意味づけというものは、常に「文脈」の存在によってなされています。ある行動が「問題」として成立するためには、それを「問題」たらしめる「文脈」がおのずとそこに存在しているといえます。クラスの中で「問題」が起きたときに、担任がどのような反応をするかということが、その「問題」についての「文脈」を決定し、その文脈によって「問題」の意味付けが決定されていくわけです。もし「きれる子」が「クラスにいらない子」「クラスに迷惑をかけている子」という意味付けでまわりの子どもたちに理解されることになると、クラスが混乱し、教師が疲弊していくことになるのは明らかです。

座談会の中の先生方は、自分の言動が文脈を生み出しているということに十分に気をくばっており、子どもたちにどう見られているのかを、把握しながら行動しているということがよくわかりました。先生方は、子どもの前にいる自分と、その様子を天井の上から見ている自分、という二つの視点を同時にもって、「問題」に向きあっていると言うことができるでしょう。

先生方が示してくださったコツは、逆にその「文脈」を意図的にコントロールするという視点だということができるかもしれません。「文脈」のコントロールができるようになると、担任は「問題」にふりまわされずに、「問題」を自分の手中におさめ、子どもたち一人一人を育てていくために逆に利用していくことができるということが、この座談会を通してはっきりとわかりました。

発想を転換するとは、「問題」を固定的・常識的な文脈で読むことをやめるということです。みんながシーンとしているところで「大声」を出す子どもがいれば、その「大声」は「問題」になりますが、みんなが「大声」を出してしまえば、その子の「大声」は「問題」でなくなる、というような発想の転換。発想の転換は、ユーモアを生み、クラスが笑いにつつまれ、あたたかくなります。結局、それは「きれる子」に対してのみならず、まわりの子どもたちや教師たちを救う視点なのだと思いました。

「きれる子」「怒りをコントロールできない子」を抱えて苦労している先生に、仲間として必要な援助は、常識にしばられない発想の転換を可能にするような、学校全体の文脈を教師集団がつくるということなのかもしれません。教師が「常識」や「ふつう」に管理されているとしたら、「きれる子」もまわりの子どもたちも、教師自身もつぶれてしまうことでしょう。

文献一覧

【引用文献】

de Shazer, S. 1994 *Words were originally magic.* pp.93 Norton, New York.

Donovan, D. M & McIntyre, D. 1990 *Healing the Hurt child. A developmental contextual approach.* W. W. Norton & Company, Inc.（D・M・ドノヴァン、D・マッキンタイア著　西澤哲訳　二〇〇〇『トラウマをかかえた子どもたち――心の流れに沿った心理療法』誠信書房　p.90　p.97）

Gendlin, E. T 1981 *Focusing second edition.* Bantam books, New York.（ユージン・T・ジェンドリン著　村山正治・都留春夫・村瀬孝雄訳　一九八二『フォーカシング』福村出版）

Gilligan, S. 1997 *The courage to love : principles and practiced of self-relations psychotherapy.* Norton, New York.（スティーブン・ギリガン著　崎尾英子訳　一九九九『愛という勇気―自己間関係理論による精神療法の原理と実践』言叢社　p.126）

花田雅憲　二〇〇二「子どもの臨床におけるトラウマ」『児童青年精神医学とその近接領域』43　pp.369―374

Harman, J. L. 1992 *Trauma and recovery.* New York : Harper Collins Publishers, Inc.（ジュディズ・L・ハーマン著　中井久夫訳　一九九六『心的外傷と回復』みすず書房）

石隈利紀　一九九九『学校心理学――教師・スクールカウンセラー・保護者のチームによる心理教育的援助サービス』誠信書房

小林正幸　二〇〇一『学級再生』講談社　p.214

今野義孝　一九九七『こころもからだもイキイキ「癒し」のボディワーク』学苑社　pp.200―232

鯨岡峻　一九九七『原初的コミュニケーションの諸相』ミネルヴァ書房　pp.103―117

西澤哲　一九九九『トラウマの臨床心理学』金剛出版

O'connor, J. & Seymour, J. 1990 *Introducing Neuro-Linguistic Programming. The New Psychology of Personal Excellence.* HarperCollins Publishers, London.（ジョセフ・オコナー、ジョン・セイモア著　橋本敦生訳　一九九四『NLPのすすめ――優れた生き方へ道を開く新しい心理学』チーム医療）

O'Hanlon, W. H. & Martin, M. 1992 *Solution-Oriented Hypnosis An Ericksonian Approach.* Norton, New York.（W・H・オハンロン、M・マーチン著　宮田敬一監訳　津川秀夫訳　二〇〇一『ミルトン・エリクソンの催眠療法入門――解決志向アプローチ』金剛出版）

大河原美以　二〇〇三「小学校における『きれる子』への理解と援助(2)――22例の分析からみた『問題のなりたち』」『東京学芸大学紀要　第1部門教育科学』第54集　pp.103―110

岡野憲一郎　一九九五『外傷性精神障害――心の傷の病理と治療』岩崎学術出版社

斎藤孝　一九九九『子どもたちはなぜキレるのか』ちくま書房　pp.199―206

Shapiro, F 1995 *Eye Movement Desensitization and Reprocessing Basic Principles, Protocols, and Procedures.* The Guilford Press.

上野一彦　二〇〇三『LD（学習障害）とADHD（注意欠陥多動性障害）』講談社　pp.23―24

Van der Kolk, B. A., McFarlane, A. C. & Weisaeth 1996 *Traumatic Stress : The effect of overwhelming experience on mind, body, and society.* The Guilford Press.（B・A・ヴァン・デア・コルク、A・C・マクファーレン、L・ウェイゼス編　西澤哲監訳　二〇〇一『トラウマティック・ストレス――PTSDおよびトラウマ反応の

臨床と研究のすべて』誠信書房）
White, C. & Denborough, D. 1998 *Introducting Narrative Therapy A collection of practice-based writings.* Dulwich Center Publications.（C・ホワイト、D・デンボロウ編集　小森康永監訳　二〇〇〇『ナラティヴ・セラピーの実践』金剛出版　p.245）
White, M. & Epston, D. 1990 *Narrative Means to Therapeutic Ends.* Norton, New York.（M・ホワイト、D・エプストン著　小森康永訳　一九九二『物語としての家族』金剛出版）

【著者関連論文】

大河原美以　一九九八「そぶりを見せずに自殺企図をくりかえす中学生事例への危機介入」『カウンセリング研究』31、pp.142―152
大河原美以・小林正幸・海老名真紀・松本裕子・吉住あさか・林豊　二〇〇〇「子どもの心理治療における見立てと方法論――エコシステミックな見立てモデルの確立に向けて」『カウンセリング研究』33　pp.82―94
大河原美以　二〇〇〇「子育てにおける親の苦しみと子どもの苦しみ――『きれる子ども』への援助から見えてくるもの」全国公立学校教頭会編集『学校運営』№470　特集「子どもと家庭」pp.14―19
大河原美以　二〇〇〇「小学校における『きれる子』への理解と援助――教師のための心理教育という観点から」『東京学芸大学教育学部附属教育実践総合センター研究紀要』第26集、pp.141―151
大河原美以　二〇〇一「特集　家族臨床の課題：『17歳問題』への理解とアプローチの視点を求めて〈シンポジウム1　問題をどのように理解するか〉『心的外傷』と問題増幅のプロセス」『家族療法研究』18、pp.6―11
大河原美以　二〇〇二「臨床心理の立場から――子どもの感情の発達という視点」『こころの科学』102号　生島

浩編・特別企画「非行臨床」 日本評論社 pp.41―47
大河原美以 二〇〇三 「小学校における『きれる子』への理解と援助(2)――22例の分析からみた『問題』のなりたち」『東京学芸大学紀要 第1部門教育科学』第54集 pp.103―110
大河原美以 二〇〇三 「小学校における『きれる子』への理解と援助(3)――解離状態の子どもへの治療援助技法」『東京学芸大学教育学部附属教育実践総合センター研究紀要』第27集 pp.11―25
大河原美以・林もも子・久冨香苗・小林正幸・小林達俊 二〇〇三 『「きれる子」と学級集団と教師の対話――被害児童と加害児童を抱えながら学級を維持していくにはどんな工夫が必要か?』平成14年度 教育改善推進費（学長裁量経費）による一般公募プロジェクト報告書
大河原美以 二〇〇四 「親子のコミュニケーション不全が子どもの感情の発達に与える影響――『よい子がきれる』現象に関する試論」『カウンセリング研究』37 pp.180―190

おわりに

子どもの臨床に携わるようになって、二十二年になります。子どもの臨床は、いつも子どもたちの生きようとする力に支えられています。ときにその生きようとする力は、激しすぎて、嵐をまき起こしますが、子どもはどんなときも生きようとして格闘する。その強さとけなげさは、いつも新鮮な感動を与えてくれます。

平成十二年に家庭裁判所調査官研修所は、過去三年間の少年による殺人事件の事例研究を行い、その結果を『重大少年事件の実証的研究』（平成十三年、司法協会より出版）にまとめました。私は当時、その研究メンバーとして事例検討の会議に参加する機会を得ました。私は教育相談領域で子どもと家族の支援をしている臨床心理士ですから、家庭裁判所に送致されるような重大な非行を犯した少年に直接関わったことはありません。ところが、重大な事件を犯した少年たちの幼少期の記録から読み取れる問題の本質は、私たちが学校や教育相談領域で出会う問題の本質とさして変わりのないものであり、きわめて連続性があることに、愕然とさせられることになりました。

その中でなによりも私が感じたことは、小学生のうちに救わなければならない、小学生のうちであれば、救うことができるということでもありました。小学生なら、「大人（親や教師）の努力」で救うことができます。その「大人の努力」のために、本書が役に立つことを願ってやみません。

事件や問題が起こったときに、なぜこういうことが起こったのか、という疑問に対する答えとして、「親子関係の問題」が指摘されることは常です。そしてまた、子どもが既成の診断名にあてはまる病気や障害を持っていれば、その診断名ですべてが説明されがちになります。

本書は、このような常識的なものの見方に挑戦しています。「親子関係の問題」の中身を具体的に示し、原因論に終わることなく、改善の方向性を示すことに意を尽くしたつもりです。それが、ネガティヴな感情の社会化を促すコミュニケーションという視点です。「親子関係の問題」「育ちの問題」という一言で片付けられてしまう問題に対する私なりの答えを、本書の「第Ⅰ部　感情はどのようにして育つのか？」にまとめることができました。

ここにたどりつくまでに、二〇〇二年十月に突然この世を去られた崎尾英子先生（前・国立小児病院精神科医長）から受けたご恩は忘れることができません。崎尾英子先生には、グレゴリー・ベイトソンやEMDRやスティーヴン・ギリガンの世界を通して、いつも華やかで知的で刺激的な会話を楽しませていただきました。今は亡き崎尾英子先生に、心より深く感謝申し上げます。

本書は、私がこれまで「きれる子」「怒りに支配される子」に関連して執筆してきた論文と、日ごろの臨床活動の中から考えていることを、できるだけ平易なことばでまとめなおしたものです。第Ⅱ部第5章は、「大河原美以（二〇〇二）小学校における『きれる子』への理解と援助(3)――解離状態の子どもへの治療援助技法――『東京学芸大学教育学部附属教育実践総合センター研究紀要』第二七集、一一一―一二五頁」を一部修正したものになっています。

また、第Ⅲ部は、東京学芸大学平成十四年度教育改善推進費（学長裁量経費）一般公募プロジェクト報告書『「きれる子」と学級集団と教師の対話――被害児童と加害児童を抱えながら学級を維持していくにはどんな工夫が必要か?』に加筆修正したものです。第7章・第8章のシナリオは平成十四年度大学院の授業でのロールプレイから生まれたものです。受講生の皆さん、ありがとうございました。また第9章は、実際に小学校の先生方にお集まりいただき、座談会形式で学級経営のコツについて話し合っていただいたものをまとめたものです。ご協力いただきました、浦野裕司先生、岡部倫子先生、笠原裕行先生、木下知登美先生、副島賢和先生、中野幸子先生、山口志げ先生、渡辺一雄先生、お忙しい中ありがとうございました。

また、この座談会は、配慮が必要な子どもへのサポートとして学校にボランティアに行っていた学生たちが見聞きした現実から、シナリオが作成され、小学生の気持ちになり切ってクラスの状況をリアルに再現した場面を見ていただきながら、行ったものです。ロールプレイに参加してくれた、平成十四年度東京学芸大学在学中の、林もも子さん、久冨香苗さん、佐藤有佳さん、塚田聡美さん、中原千琴さん、斎藤愛さん、山本綾美さん、清水洋邦さん、高橋晶子さん、廣瀬陽さん、赤木寛隆さん、辻真基さん、萩谷あやさん、吉田衣織さん、ありがとうございました。

最後に、本書の出版を勧めてくださった東京学芸大学附属教育実践研究支援センター教授の小林正幸先生、編集者の亀井千是氏に感謝申し上げます。

二〇〇四年六月六日

大河原美以

著者紹介

大河原美以（おおかわら・みい）

「大河原美以心理療法研究室」室長（https://mii-sensei.com）。元東京学芸大学教授。臨床心理士・公認心理師，博士（教育学）。1982年東北大学文学部哲学科卒業。児童福祉施設の児童指導員として勤務の後，1993年筑波大学大学院修士課程教育研究科修了。精神科思春期外来，教育センターなどの非常勤相談員を経て，1997年より東京学芸大学助教授，2007年，同大学教授，2021年4月より現職。専門は，親子の心理療法・家族療法。

〈著書〉『ちゃんと泣ける子に育てよう――親には子どもの感情を育てる義務がある』（河出書房新社），『子どもたちの感情を育てる教師のかかわり――見えない「いじめ」とある教室の物語』（明治図書出版），『子どもの感情コントロールと心理臨床』（日本評論社），『子どもの「いや」に困ったとき読む本――どうやってしつければいいの？』（大和書房），『子育てに苦しむ母との心理臨床――EMDR療法による複雑性トラウマからの解放』（日本評論社），『いやな気持ちは大事な気持ち』（日本評論社）

怒りをコントロールできない子の理解と援助
――教師と親のかかわり

2004年7月23日　初版第1刷発行　〔検印省略〕
2022年5月20日　初版第24刷発行

著　者　大河原美以
発行者　金子紀子
発行所　株式会社　金子書房
〒112-0012　東京都文京区大塚3-3-7
TEL 03(3941)0111／FAX 03(3941)0163
ホームページ　https://www.kanekoshobo.co.jp
振替　00180-9-103376
印刷　新日本印刷株式会社　　製本　一色製本株式会社

ISBN978-4-7608-2161-7　C3037